Frater Magnus Morhardt

Gottvertrauen und Nächstenliebe

Ein geistliches Profil von Frater Eustachius Kugler

Herausgeber: Barmherzige Brüder®
                   Bayerische Ordensprovinz KdöR
                   www.barmherzige.de
©   Johann von Gott Verlag, München
Druck: Marquardt, Regensburg
ISBN: 978-3-929849-37-0

1. Auflage
München 2008

Inhaltsverzeichnis

Vorwort

Der vorliegende Text von Frater Magnus Morhardt über das geistliche Profil von Frater Eustachius Kugler ist keine leichte Kost, keine unterhaltsame Reportage und auch keine Erbauungsliteratur. Vielmehr hat unser junger Mitbruder Magnus, ein ausgebildeter Theologe, die ihm zugänglichen Quellen mit wissenschaftlicher Akribie aufgearbeitet und stellt uns so ein sehr präzises Bild der Frömmigkeit und der Tugenden Eustachius Kuglers vor Augen.

Manches mag uns dabei heute irgendwie fremd erscheinen: Wenn Begriffe wie Heiligung, Abtötung oder Todsünde fallen, wenn vom Heiligsten Herzen Jesu, der Anbetung des Allerheiligsten Altarsakramentes oder den Armen Seelen im Fegfeuer die Rede ist, dann hört sich das für viele an, als könnte nichts weiter entfernt sein von ihrer eigenen Lebenswelt in Beruf, Familie und Freizeit. Älteren sind die Begriffe vielleicht noch vage vertraut, Jüngeren sagen sie meist nichts oder erscheinen ihnen als Relikte längst vergangener Zeiten.

Selbst wir Ordensleute tun uns schwer, diese Frömmigkeit für unseren Alltag fruchtbar zu machen. Wir müssen darauf achten, die Fragen der christlichen Fundierung und Ausrichtung des Dienstes in unseren Einrichtungen gegenüber den Fragen des guten Managements verantwortlich zu gewichten. Wenn in der Bayerischen Ordensprovinz gut 40 Barmherzige Brüder mit mehr als 5000 Mitarbeiterinnen und Mitarbeitern zusammenarbeiten, besteht für den Orden natürlich auch die Gefahr, nur noch als Namensgeber wahrgenommen zu werden.

Wir dürfen unsere Welt nicht in zwei Teile dividieren: hier das Alltagsgeschäft, dort das Glaubensleben. Vielleicht ist die hier vorgelegte Schrift eines 30-jährigen Barmherzigen Bruders Anlass, uns darüber Gedanken zu machen, worauf es eigentlich ankommt. Nicht weil Frater Magnus den Bezug zum Heute herstellt – das kann und will dieser Text gar nicht. Sondern weil er uns einen Barmherzigen Bruder vor Augen führt – Frater Eustachius Kugler, der keinen Unterschied zwischen Management und Glaubensleben oder zwischen Alltag und Frömmigkeit kannte. Der ganzheitliche Einsatz für benachteiligte und kranke Menschen war für ihn ganz selbstverständlicher Ausdruck seiner Beziehung zu Gott. Egal, ob im Gebet, in der Krankenpflege oder bei Besprechungen – immer verstand sich Frater Eustachius als Diener Gottes und als Diener seiner Mitmenschen.

Ist das heute noch möglich? Mit Sicherheit kann es nicht darum gehen, die Frömmigkeit und die Tugenden eines Eustachius Kugler einfach zu kopieren, sondern wir müssen uns fragen: In welchen Haltungen, mit welchen Eigenschaften ist dieser Ordensmann für mich ganz persönlich ein Vorbild? Und wie kann ich das in meinem Leben glaubwürdig und nachvollziehbar umsetzen, ohne in die Vergangenheit zu flüchten?

Frater Emerich Steigerwald
Provinzial

Einleitung

Der verehrungswürdige Diener Gottes Frater Eustachius Kugler (1867-1946) war als Barmherziger Bruder ein vorbildlicher Ordensmann im Dienst der armen und kranken Menschen. Er führte über 21 Jahre lang als Provinzial die Geschicke der Bayerischen Ordensprovinz und erwies sich in der Zeit des Nationalsozialismus als deren Stütze. Im geistlichen Leben zeichnete sich Frater Eustachius durch Gebet und Gottvertrauen aus, die ihm halfen, sein Lebenswerk trotz innerer und äußerer Schwierigkeiten zu bewältigen. Sein größtes Unternehmen war der Bau der Regensburger Krankenhäuser. Dieses verlangte von Frater Eustachius und seiner Provinz viel Engagement und Wagemut. Gezeichnet von einer schweren Krankheit, die er auf bewundernswerte Weise ertragen hatte, starb Frater Eustachius Kugler am 10. Juni 1946 und wurde schon bald darauf verehrt.

Diese Schrift ist als Ergänzung zu den bisher erschienenen Büchern und Schriften über Frater Eustachius Kugler gedacht und befasst sich systematisch mit seinen Werthaltungen, Werken und Tugenden. Eine Quelle der Spiritualität von Frater Eustachius entdeckte ich in seinen geistlichen Aufzeichnungen, vor allem in seinen Exerzitien. Darin notierte er sich Vorsätze und Leitlinien für sein geistliches Leben. Es ist Zeugnis eines tiefen und disziplinierten, aber auch zeitgebundenen Glaubens. Ich habe Zitate aus den Aufzeichnungen für diese Schrift übernommen, um Frater Eustachius Kugler selber zu Wort kommen zu lassen. Der Diener Gottes richtete an seine Mitbrüder viele Briefe und Rundschreiben, welche ebenfalls seine Tugenden herausstellen sowie Zeugnisse von Brüdern, Mitarbeitern und anderen Personen, die mit ihm zu tun hatten. Damit entstand ein lebendiges Bild von einem Mann, der auch über sechzig Jahre nach seinem Tod noch Menschen ansprechen kann.

Kurzer Lebenslauf

Frater Eustachius Kugler wurde am 15. Januar 1867 in Neuhaus bei Nittenau (Oberpfalz) als Sohn des Schmiedemeisters Michael Kugler und dessen Ehefrau Anna Maria geboren und auf den Namen Joseph getauft.[1] Von 1873 bis 1880 besuchte er die Volksschule in Nittenau. In die Schulzeit fiel der Tod des Vaters (1874) und die Firmung durch den Regensburger Diözesanbischof Ignatius von Senestréy am 21. Juli 1880[2]. Nach Beendigung der Volksschule in Nittenau erlernte Joseph Kugler in München das Schlosserhandwerk. Während seiner Lehrzeit erlitt er eine schwere Fußverletzung durch einen Sturz vom Baugerüst, welchen vermutlich ein Arbeitskollege verursacht hatte. Frater Eustachius litt ein Leben lang an dieser Verletzung und der daraus resultierenden Gehbehinderung.

Als Schlossergeselle kehrte Joseph Kugler von München in seine Heimat Neuhaus zurück. Nach dem Tod seiner Mutter 1886 übersiedelte er zu seiner Schwester Katharina, verheiratete Reichenberger, in das nahe Reichenbach, wo Kugler seinem Schwager bei Schlosserarbeiten behilflich war. Im Jahr 1891 siedelte sich der Orden der Barmherzigen Brüder in Reichenbach an und gründete in dem ehemaligen Benediktinerkloster eine Pflegeanstalt für schwachsinnige Menschen und Epileptiker. Heute ist daraus eine moderne Einrichtung für Menschen mit Behinderung geworden.[3]

Bei den Schlosserarbeiten im Kloster lernte Joseph Kugler dieBarmherzigen Brüder kennen und erhielt so einen Einblick in die Tätigkeit des Ordens. Der Subprior Frater Eligius

---

[1] Die biographischen Angaben über Frater Eustachius Kugler entstammen dem Buch von Eßer, 145-158.

[2] Ignatius von Senestréy war von 1858 bis 1906 Bischof der Diözese Regensburg.

[3] Das Benediktinerkloster Reichenbach am Regen wurde um 1118 gegründet und bestand, nach der Aufhebung in der Reformationszeit, bis zur Säkularisation 1803. Nachdem das Klostergebäude durch verschiedene Hände ging, gründete Pater Andreas Amrhein in Reichenbach die Missionsbenediktiner. Nachdem diese nach St. Ottilien gezogen waren, erwarben die Barmherzigen Brüder 1890 die ehemalige Abtei und bauten sie zu einer Pflege- und Heilanstalt für geistig und körperlich behinderte Menschen um.

Neumeier[4] setzte sich für die Heilung seines verletzten Fußes ein, so dass Joseph Kugler am 11. Januar 1893 als Postulant bei den Barmherzigen Brüdern aufgenommen werden konnte. Am 20. Oktober 1894 wurde er, nach einer kurzen Tätigkeit in Bad Wörishofen bei Pfarrer Sebastian Kneipp, in das Noviziat in Neuburg an der Donau[5] aufgenommen und erhielt den Ordensnamen Eustachius.

Am 21. Oktober 1895 legte Frater Eustachius seine Einfache Profess ab und kam nach Reichenbach zurück, wo er am 30. Oktober 1898 die Feierliche Profess, das heißt die endgültige Bindung an den Orden, ablegte. Aus dem Schlossergesellen war nun ein Krankenpfleger geworden.

Die weiteren Stationen seines jungen Ordenslebens waren die Pflegeanstalt Gremsdorf in Mittelfranken und die Krankenabteilung des Zuchthauses in Kaisheim bei Donauwörth. Von 1905 bis 1914 war Frater Eustachius Kugler Prior der Pflegeanstalt in Straubing. Danach wurde er zu Beginn des Ersten Weltkrieges zum Prior in Gremsdorf ernannt. Bei seiner dritten Ernennung zum Prior von Gremsdorf (1920) wurde Frater Eustachius gleichzeitig zum 3. Definitor der Bayerischen Ordensprovinz gewählt.[6] Doch bereits im Jahr 1922 kam Frater Eustachius als Prior in das Kloster St. Wolfgang in Neuburg zurück, wo er seine Noviziatszeit verbracht hatte.

Am 19. Juni 1925 wählte ihn das Provinzkapitel zum Provinzial der Bayerischen Provinz. Dieses Amt hatte Frater Eustachius Kugler bis zu seinem Tod inne, auch bedingt durch den Zweiten Weltkrieg, in welchem keine Kapitel stattfanden. Das wichtigste Projekt zu Beginn seiner Amtszeit war die Errichtung des Männer- und Frauenkrankenhauses in Regensburg, deren Häuser 1929 bzw. 1930 eröffnet wurden.

Seit der Machtergreifung durch Adolf Hitler am 30. Januar 1933 mussten die katholischen Orden, so auch die Barmherzigen Brüder mit Schikanen durch die Nationalsozialisten leben.

---

[4] Auch Frater Hermann Wasinger wird als Subprior von Reichenbach genannt.

[5] Das Noviziat befand sich im Krankenhaus St. Wolfgang, welches 1980 vom Orden verkauft wurde.
St. Wolfgang war außerdem Sitz des Provinzialats.

[6] Die Definitoren unterstützen den Provinzial in der Leitung der Provinz.

Am 15. Oktober 1934 wurde das Provinzialat von Neuburg in das zentraler gelegene Regensburg verlegt. 1937 begannen die Verhöre durch die Geheime Staatspolizei (Gestapo), unter denen besonders der Provinzial zu leiden hatte. Doch Frater Eustachius blieb gegenüber den Nazis standhaft. Dennoch hatte er weiterhin bis zu Kriegsende mit der Enteignung, Zweckentfremdung und Zerstörung der caritativen Werke des Ordens, mit dem Abtransport von Behinderten aus den Einrichtungen und deren Ermordung, mit der Einberufung von Brüdern zum Kriegsdienst und anderen Folgen des Krieges zu kämpfen. Frater Eustachius ermahnte seine Mitbrüder zur Standhaftigkeit im Glaubens- und Ordensleben wie auch im Dienst an den hilfsbedürftigen Menschen.

Nach Ende des Zweiten Weltkrieges wurde das Männerkrankenhaus in Regensburg von den Amerikanern beschlagnahmt. Am 21. Oktober 1945 feierte der Provinzial sein 50-jähriges Professjubiläum. Doch langsam ging das irdische Leben von Frater Eustachius zu Ende. Er starb nach einer schweren Magenerkrankung am 10. Juni 1946, einem Pfingstmontag, in Regensburg.

Schon bald nach seinem Heimgang wurde Frater Eustachius als vorbildlicher Ordensmann verehrt. Am 11. April 1956 wurden seine sterblichen Überreste in die Krypta der St. Pius-Kirche im Krankenhaus der Barmherzigen Brüder überführt, im Jahr 1982 schließlich in die neugeschaffene Eustachius-Kugler-Gedenkstätte. Am 1. März 1963 eröffnete der Bischof von Regensburg, Dr. Rudolf Graber den Seligsprechungsprozess für Frater Eustachius Kugler.[7]

---

[7]   Dr. Rudolf Graber war von 1962 bis 1982 (seit 1981 Apostolischer Administrator) Bischof von Regensburg.

I. Glaubenshaltungen

Frater Eustachius Kugler war als Barmherziger Bruder nicht nur ein guter Krankenpfleger und Ordensoberer, ein treuer Diener der Armen und Kranken, er lebte darüber hinaus ganz im Vertrauen auf Gott und aus dem Gebet. Ohne diese ständige Verbundenheit mit seinem Herrn lässt sich sein Leben und Wirken nicht denken. Frater Eustachius liebte Gott über alles – und aus Liebe zu Ihm auch seinen Nächsten.[8] Er folgte Jesus Christus nach und vertraute auf die Führung des Heiligen Geistes. Sein Glaube an den dreifaltigen Gott wurde ergänzt durch die liebende Verehrung der Gottesmutter Maria. Das Glaubens- und Gebetsleben spielte die zentrale Rolle in seinem Leben und bestimmte sein Handeln.

Unerschütterliches Gottvertrauen

- *„Das größte Glück ist es, dem großen Gott dienen zu können, der Himmel und Erde erschaffen hat. Vertraue auf ihn!" (Exerzitien 1938, Vorsatz 3)*[9]

- *„Unser religiöses Leben muss auf einem festen Grund aufgebaut werden: dem Glauben. – Die heilig machende Gnade ist das Größte, was uns Gott geben kann; sie macht uns ihm ähnlich." (Exerzitien 1938, Vorsatz 5)*

- *„Habe Vertrauen auf den lieben Heiland in allen Lebenslagen! „Warum hast du gezweifelt, du Kleingläubiger?, sprach er zu Petrus, ich bin bei dir" (vgl. Mt 14,31)." (Exerzitien 1938, Vorsatz 19)*

---

[8] Die Spiritualität der Barmherzigen Brüder besteht kurz gefasst darin, „die Liebe zu Gott und zum hilfsbedürftigen Nächsten in ungetrübter Einheit zu leben" (Konstitutionen Nr. 103), vgl. das Beispiel Jesu vom barmherzigen Samariter, durch das Jesus die Gottes- und Nächstenliebe aufs Engste miteinander verknüpfte (vgl. Lk 10,27).

[9] Die Exerzitienvorsätze und andere geistliche Notizen stammen aus dem Buch: *Aufzeichnungen* von Russotto.

- *„Ich bin ein Kind Gottes und Erbe des Himmels und das will ich bleiben."*
  (Exerzitien 1895, Vorsatz 1)

- *„Ich muss Gott kennen, lieben und ihm dienen."*
  (Exerzitien 1902)

- *„Gott allein muss mein Ein und Alles sein."*
  (Exerzitien 1940, Vorsatz 1)

Das Wirken von Frater Eustachius war geprägt von einem tiefen und unerschütterlichen Vertrauen auf Gott. Dieses zeigte sich besonders beim Bau der Regensburger Krankenhäuser und in den Verhören durch die Gestapo, wo Frater Eustachius nicht auf sich selbst und sein Können baute, sondern sich ganz der Führung Gottes überließ. Pater Ambrosius Eßer OP schreibt dazu: „Fr. Eustachius vertraute fest auf die göttliche Vorsehung, in der er vor allem den Ausdruck der unendlichen Barmherzigkeit Gottes sah. (…) Nur die Gottesliebe vermag einem Menschen die Kraft zu geben, jahre- und jahrzehntelang Übermenschliches zu vollbringen. Fr. Eustachius Kugler war einer dieser Menschen, die durch die Gottesliebe über ihre bescheidene menschliche Natur hinauswuchsen."[10] Die Liebe zu Gott, von dem er sich selber geliebt wusste, war sein Fundament und seine Triebfeder. Sein Wahlspruch lautete: „Alles aus Liebe zu Gott."[11]
Das Vertrauen auf den liebenden und geliebten Gott bringt Frater Eustachius in den Aufzeichnungen von Exerzitien wiederholt zum Ausdruck: „Vertraue auf Gott und wirf all deine Sorgen auf den Herrn!"[12] beziehungsweise: „Das größte Glück ist es, dem großen Gott dienen zu können, der Himmel und Erde erschaffen hat. Vertraue auf ihn!"[13] Dies schrieb er nach seiner Jahresbeichte, welche er bei den Exerzitien ablegte. Das Gottvertrauen trug nach den geistlichen Übungen im Alltag seine Früchte, vor allem in schwierigen Situationen. Besonders

---

[10]   Eßer 95
[11]   Exerzitien 1940, Vorsatz 10 und öfter.
[12]   Exerzitien 1939, Vorsatz 9.
[13]   Exerzitien 1938, Vorsatz 3.

in der Zeit des Nationalsozialismus wurde seine Liebe zu Gott auf eine harte Probe gestellt, als Frater Eustachius in der Verantwortung als Provinzial einer blühenden Ordensprovinz stand. Schon früher, als Prior der Pflegeanstalt Gremsdorf, schrieb er angesichts der schwierigen finanziellen Situation der Einrichtung, welche durch die Inflation verursacht wurde, in die Hauschronik: „Doch da alles auf der Welt vergeht, so wird auch diese schwierige Zeit vorübergehen. Wollen wir den Mut nicht sinken lassen und auf Gott vertrauen, er wird auch weiter für seine Armen sorgen."[14] In Gottes Hilfe lag für Frater Eustachius der einzige Trost.

Das Vertrauen auf Gott empfahl der Provinzial auch seinen Mitbrüdern durch seine Rundschreiben und Briefe, gerade in scheinbar hoffnungslosen Situationen. Nach dem Luftangriff auf München vom 24./25. April 1944, bei welchem das Haus am Südlichen Schlossrondell in Nymphenburg zerstört wurde, schrieb Frater Eustachius Kugler an den Prior und späteren Provinzial, Frater Theoderich Höfner: „Endlich nach langem Sorgen und Bangen ein Lebenszeichen von dort und kann Gott danken, dass es noch so gut abgegangen ist. Kann immer nur ein großes Gottvertrauen, verbunden mit einem guten Gewissen raten, damit wir, wenn uns der liebe Gott heimholt, gut in der Ewigkeit ankommen."[15] In einem Rundschreiben aus dem Kriegsjahr 1942 ermahnte Frater Eustachius seine Mitbrüder, dass sie ihre Pflichten aus Eifer und Liebe zu Gott erfüllen sollten, wo immer sie Gott hingestellt hat. Er ermunterte sie dabei zum Vertrauen auf Gott: „Jeder muss ein großes Vertrauen auf die Hilfe und den Beistand Gottes setzen und muss sich Tag für Tag bemühen, nach Tugend und Vollkommenheit zu streben. Dann wird uns der liebe Gott gewiss nicht verlassen."[16] Auch in einem weiteren Schreiben zeigte der Provinzial seinen Mitbrüdern, dass sie sich gegenüber Glaubensgegnern ganz

---

[14] Hauschronik von Gremsdorf, 1921. – Eigenhändige Niederschrift, zitiert nach Eßer 29f.

[15] Datum nach Eßer 154. Frater Theoderich Höfner war von 1946-56 Provinzial der Bayerischen Provinz.

[16] Russotto 50f.

auf Gott verlassen könnten: „Der beste Schutz für uns ist ein grenzenloses Vertrauen auf Gott im Verein mit einem guten Gewissen und einer vollkommenen Liebesreue. Wenn wir dies haben, mag geschehen, was will, nichts kann uns schaden; im Gegenteil, unsere Feinde tun uns Gutes, da sie uns, ohne es zu wollen, dazu verhelfen, in den Himmel zu kommen."[17]

Aus diesen Worten spricht ein großer Glaubender, der sich vor seinen Gegnern nicht fürchtete, sondern auf Gottes Hilfe baute. Frater Eustachius erfuhr den Beistand Gottes in der väterlichen Fürsorge durch den himmlischen Vater. Er notierte in demselben Rundbrief: „Machen wir uns keine allzu großen Sorgen über unsere Zukunft! – Wir wissen nicht, was uns der gute Gott schicken wird, was unser leibliches Wohl betrifft. Dies haben wir, um die Wahrheit zu sagen, niemals gewusst und doch müssen wir sagen, dass uns noch nie etwas gefehlt hat, weil unser guter Vater im Himmel immer gut für uns gesorgt hat. Sollte er sich also geändert haben und sich nicht mehr um uns kümmern wollen? Wir können und wir dürfen etwas Derartiges nicht annehmen; denn im Augenblick unserer Profess haben wir uns dem guten Gott ganz geschenkt und er hat uns als seine bevorzugten Söhne angenommen. Wir müssen infolgedessen ein überaus großes kindliches Vertrauen haben auf unseren Vater im Himmel, der bestimmt immer an das Notwendige denkt, wenn auch vielleicht anders, als wir es wünschen würden."[18]

Schon früher, beim Bau des Männer- und Frauenkrankenhauses in Regensburg, erwies sich sein Gottvertrauen als tragfähig, da der Neubau eine gewaltige finanzielle Herausforderung für die Provinz darstellte. Frater Eustachius Kugler war sich des Risikos bewusst, scheute das Unternehmen jedoch nicht, weil er sich von einem Höheren getragen wusste. Auch von Seiten einiger Politiker der Stadt Regensburg, welche dem Bau des Krankenhauses skeptisch gegenüber standen, hatte er Widerstand zu erdulden. In dieser schwierigen Lage brachte ein angesehener Mitbruder ihm gegenüber die Befürchtung

---

[17] Frater Eustachius im Oktober 1942 im Hinblick auf die Gefahr der Luftangriffe an die Mitbrüder, Russotto 30
[18] Rundbrief vom Oktober 1942, Russotto 44

zum Ausdruck, man könne einem finanziellen Zusammenbruch entgegengehen. Darauf antwortete der Provinzial: „‚Ich habe alles mit Gott beschlossen und es fehlt nichts.' – Und wirklich (…) fehlte nichts."[19]

Das Gottvertrauen, welches Frater Eustachius Kugler durchdrang, zeigte sich in der innigen Verbundenheit mit Gott. Er lebte gleichsam in der beständigen Gegenwart des Herrn, wie ein heiligmäßiger Mensch. Die Gottverbundenheit erweist sich auch in der Aussage: „Ich gehöre ganz Gott", welche er bei den Exerzitien 1937 notierte. Frater Eustachius gehörte also nicht mehr sich selber, sondern gab sein Leben als Ordenschrist Gott und den Mitmenschen hin.

Die Ganzhingabe an Gott legt der Barmherzige Bruder in seiner Profess ab und weiht sich Ihm mit der Ablegung der Gelübde.[20] Auch der erste Vorsatz der Exerzitien von 1940: „Gott allein muss mein Ein und Alles sein" macht die Gottergebenheit von Frater Eustachius deutlich. Der Geistliche Franz Hiltl, welcher Frater Eustachius Kugler als Patient in Regensburg erlebt hat, schreibt: „Frater Eustachius war durch alle Tage seines Lebens begnadet mit einem nie wankenden Glauben an Gott, an seine Allmacht, seine Allgegenwart, seine Allsorge. Gott war die Mitte seines Herzens, der Wesensinhalt seiner Gedanken, der Beweger seines Lebens, seiner Liebeswerke, die Sehnsucht seiner Seele."[21]

Der Glaube an Gott, welcher immer für die Seinen sorgt, erwies sich besonders in schwierigen Zeiten als tragfähig. Frater Eustachius ermahnte seine Mitbrüder mitten im Zweiten Weltkrieg, den Mut nicht sinken zu lassen trotz der trostlosen Lage, die in manchen Häusern der Provinz herrschte: „Jetzt, meine lieben Mitbrüder, am Ende des Jahre danken wir dem gütigen Gott für alle Gnaden und Wohltaten, die er uns geschenkt hat, und fahren wir fort, ihn inbrünstig um seine Gnade und um seinen Beistand zu bitten, ohne den wir nichts vermögen.

---

[19] Russotto 43, vgl. auch Eßer 44. Der Mitbruder war Frater Clarus Bierler, welcher dem Orden als Provinzvikar (nach dem Tod von Frater Eustachius Kugler), Ökonom, Definitor und Prior diente.
[20] vgl. Mt 16,25 und Konstitutionen 9
[21] Hiltl 22

Auch wenn die Provinz und besonders einige Häuser hart heimgesucht worden sind, so wollen wir dennoch den Mut nicht verlieren, sondern mit dem frommen Dulder Job ausrufen: Der Herr hat's gegeben, der Herr hat's genommen; der Name des Herrn sei gebenedeit in alle Ewigkeit!"[22] Auch in aussichtlosen Situationen und Niederlagen vertraute Frater Eustachius allein auf die Vorsehung des gütigen Gottes und ließ seinen Mut nicht sinken, auch wenn er Grund dazu gehabt hätte. Da sich Frater Eustachius ganz Gott hingegeben hatte, versuchte er auch, in allem den Willen Gottes zu erkennen und zu tun.

Den Willen Gottes erfüllen

- *„Das heiligste Herz Jesu soll mein Lehrer sein in der Vollkommenheit; ich will mich in allem fragen, wie Jesus gehandelt hätte, und so will auch ich handeln. – Ein Ordensmann muss ihm ähnlich sein."*
  (Exerzitien 1898, Vorsatz 4/5)

- *„Ich will mich in allem dem Willen Gottes ergeben, in der Krankheit und in den Widerwärtigkeiten."*
  (Exerzitien 1901)

- *„Ich muss mich stets bemühen, den Willen Gottes zu erkennen und ihn in allem ausführen. Wenn ich es nicht tue, dann kann ich niemals glücklich sein."*
  (Exerzitien 1904, Vorsatz 1)

- *„Suche nie deine Ehre, sondern immer nur die Ehre und den Willen Gottes!"* *(Exerzitien 1924)*

Frater Eustachius hatte sich mit seiner Weihe an Gott durch die Profess ganz dem Willen Gottes übergeben. Dies tat er im Glauben an Gottes gütige Vorsehung, der das Beste für die Menschen will.
Der Wille Gottes muss jedoch oft erst gesucht und angenommen werden, um danach unser Handeln zu bestimmen. Dies basiert auf

---

[22] Brief an die Mitbrüder, Ende 1941, Russotto 52

dem Gelübde des Gehorsams, welches die Ordensleute ablegen. In den Konstitutionen des Hospitalordens heißt es dazu: „Mit dem Gelübde des Gehorsams nehmen wir frei und bedingungslos den Willen Gottes mit uns an. Wir verpflichten uns, zu erfüllen, was die rechtmäßigen Oberen in Übereinstimmung mit den Konstitutionen des Ordens anordnen."[23] Der Barmherzige Bruder folgt mit dem Gehorsam Jesus Christus nach, der selbst dem himmlischen Vater gegenüber gehorsam war und die Erfüllung des Willens des Vaters auch seinen Jüngern riet.[24]

Auch Frater Eustachius wollte den Willen Gottes erfüllen und vertraute sich seiner Führung an. Dazu schreibt der Schriftsteller Reinhard Abeln: „Alle seine Gedanken und Taten waren getragen vom Vertrauen auf Gottes Willen, auf seine Fügung. Sein ganzes Denken und Tun ordnete er in Gottes Absichten und Pläne ein."[25] Und Eßer schreibt, dass er auch in der Krankheit, die er erleiden musste, den Willen Gottes erkannte.[26] Dazu musste sich Frater Eustachius vermutlich erst durchringen. Sein grenzenloses Gottvertrauen und seine Ergebung in Gottes Willen veranschaulichen seine Aussprüche: „Der Himmelvater macht's schon recht!" und „Überlassen wir alles getrost der göttlichen Vorsehung!"[27] Das sind Aussagen, die gerade in Notzeiten gewachsen sind und sich in ihnen bewährt haben. Denn Gott ließ seinen treuen Diener nicht im Stich. Auch seine Mitbrüder ermahnte er, den Willen Gottes so anzunehmen, wie er sich ihnen darbietet.

In den düsteren Zeiten des Nationalsozialismus war es nicht leicht, den göttlichen Heilsplan zu erkennen. Kann man in einem solchen Unglück noch eine Spur Gottes feststellen? Frater Eustachius Kugler schrieb am 13. Januar 1945 bezüglich der Luftangriffe auf das Krankenhaus in München an den

---

[23] Konstitutionen 18. Auch an anderen Stellen wird das Tun des Willens Gottes empfohlen.

[24] „Wer den Willen meines himmlischen Vaters erfüllt, der ist für mich Bruder und Schwester und Mutter."
(Mt 12,50); vgl. Joh 4,34 und Phil 2,8 zu Jesu Gehorsam.

[25] Abeln 31

[26] vgl. Eßer 100.

[27] Abeln 32

dortigen Prior, Frater Theoderich Höfner: „Wenn ich es auch recht bedaure, was ihr mitmachen müsst, so müssen wir dem lieben Gott doch für die schwere Heimsuchung recht dankbar sein, weil einerseits kein Menschenleben zu beklagen war und andererseits wir gerade durch Leiden und Trübsale dem Himmel näher kommen."[28] Auch in diesem und ähnlich schweren Schicksalsschlägen erkannte Frater Eustachius immer noch einen Hinweis auf Gott und seine Führung.

Ein gewaltiger Schlag für die Provinz war die 80-prozentige Zerstörung der Pflegeanstalt in Straubing durch die Bombenangriffe vom 7. Februar und 18. April 1945. Schon vorher wurde die Mehrzahl der behinderten Menschen in verschiedene Lager abtransportiert und ermordet. Nur wenige Bewohner konnten gerettet werden, indem man sie in der Landwirtschaft einsetzte oder nach Hause schickte. Beim Besuch der zerstörten Pflegeeinrichtung rang der Provinzial mit der Theodizee-Frage: „Wenn wir die gewaltigen Zerstörungen im Haus und in den Nebengebäuden sehen, so kommt uns unfreiwillig der Gedanke, weshalb denn der gütige Gott dies zugelassen hat und weshalb er das Haus und die Provinz so schwer geprüft hat. Nun, meine lieben Brüder, beschäftigen wir uns nicht zuviel mit dem Warum, denn wir können niemals die weisen Pläne Gottes begreifen. Wir müssen alles mit großer Bereitschaft aus Gottes Händen entgegennehmen und es aus Liebe zu ihm ertragen, solange es ihm gefällt."[29]

In einem Brief an seine Mitbrüder schlug Frater Eustachius im Oktober 1942 einen optimistischeren Ton an. Im Hintergrund steht auch hier das Leben unter dem nationalsozialistischen Regime: „Danken wir auch dem gütigen Vater dafür, dass er uns in dieser historischen Stunde leben lässt, in der wir unzählige Verdienste für die Ewigkeit erwerben können, falls wir alles mit der rechten Absicht, aus Liebe zu Gott ertragen und wenn wir uns bemühen, in allem seinen heiligen Willen zu erfüllen."[30] Den Willen Gottes tun, dies bedeutete für Frater Eustachius

---

[28]   Eßer 154.
[29]   Russotto 32. Zur Pflegeanstalt Straubing, vgl. Oberneder, Chronik 398-401.
[30]   Russotto 52.

Kugler, alles aus Gottes Händen anzunehmen, was dieser ihm schickt – und sei es noch so schwer – und dabei ganz auf Gottes Führung zu vertrauen.

Verehrer des Heiligsten Herzens Jesu

- *„Verehre mit großer Zärtlichkeit das heiligste Herz Jesu und du wirst nicht verloren gehen."* (Exerzitien 1901)

- *„Jesus, sanftmütig und demütig von Herzen, mach mein Herz nach deinem Herzen!"*
  (Exerzitien 1939, Vorsatz 14)

- *„Verehre mit großer Innigkeit das heiligste Herz Jesu! Heiligstes Herz Jesu, ich vertraue auf dich."*
  (Exerzitien 1945)

Die Verehrung des Heiligsten Herzens Jesu war für Frater Eustachius, wie für viele seiner Zeitgenossen, ein wichtiges Merkmal seiner Frömmigkeit. In unserer Zeit wird zwar immer noch das Herz-Jesu-Fest gefeiert und auch Kirchen sind diesem Geheimnis Christi geweiht. Die große Zeit der Herz-Jesu-Verehrung ist momentan jedoch scheinbar vorüber. Sie gründet im Herzen Jesu am Kreuz, aus dem Blut und Wasser flossen (vgl. Joh 19,34). Im Mittelalter begannen Mystiker, das Herz Jesu als Ursprung der göttlichen Liebe zu verehren. Im 17. Jahrhundert erreichte die Herz-Jesu-Verehrung einen Höhepunkt durch den Jesuitenorden, die französischen Oratorianer, den heiligen Johannes Eudes und besonders durch die Visionen der heiligen Margarete Maria Alacoque (1673-75). Papst Pius XI. führte 1856 das Herz-Jesu-Fest für die ganze Kirche ein.[31]
Das 19. Jahrhundert war eine Blütezeit der Verehrung des Herzens Jesu Christi, welche sich auch auf Frater Eustachius Kugler auswirkte. In den Exerzitien vor seiner Feierlichen Profess schrieb er nämlich: „Das heiligste Herz Jesu soll mein Lehrer sein in der Vollkommenheit; ich will mich in allem

---

[31]   vgl. Adam/Berger 201f.

fragen, wie Jesus gehandelt hätte, und so will auch ich handeln. – Ein Ordensmann muss ihm ähnlich sein."[32] Auch mit diesen Aussagen tritt wieder deutlich sein Vorsatz hervor, den Willen Gottes zu suchen und zu erkennen. Sein Vorbild und Lehrer war Jesus Christus selbst, der sich durch sein geöffnetes Herz offenbart hat.

Frater Eustachius Kugler nahm sich einen markanten Ausspruch des Novizenmeisters und späteren Generalvikars des Ordens, Pater Augustin Koch zu Herzen, indem er im Gebet zum Goldenen Professjubiläum niederschrieb: „Alles aus Liebe zu Gott und zu seiner Ehre. Weder nach rechts noch nach links: mitten hinein ins Heiligste Herz Jesu."[33] Die Verehrung des Heiligsten Herzens Jesu gehörte zentral zum geistlichen Lebensprogramm des vorbildlichen Barmherzigen Bruders. Er verehrte Jesus Christus innig und betrachtete das Herz Jesu als „Fels der Sterbenden" und „stärkste Burg" der Menschen im irdischen Kampf.[34] Frater Eustachius nahm zum Herzen Jesu seine Zuflucht, „um ihm mit lebendigem Glauben alles zu zeigen und anzuvertrauen, seine Ziele, seine Sorgen, seine Ängste und vor allem seine eigene Heiligung und die der ihm anvertrauten Mitbrüder."[35] Es war ein Ort liebevoller Gottesverehrung im Zeichen der göttlichen Liebe. Frater Eustachius dachte in der Herz-Jesu-Verehrung nicht nur an sich, sondern betete auch für andere, besonders für die Sünder, da sie die Liebe Jesu Christi nicht erwiderten. Für diese Menschen betete er das vom heiligen Papst Pius IX. verfasste Sühnegebet, welches für das Herz-Jesu-Fest vorgeschrieben ist. Wie so viele seiner Gebets- und Frömmigkeitsübungen, die sich in seinem geistlichen Leben offenbar bewährt haben, empfahl der Provinzial die Herz-Jesu-Verehrung auch den Kranken und seinen Mitbrüdern, indem er an letztere schrieb: „Gehen wir recht oft zum göttlichen Heiland im Tabernakel und legen wir vertrauensvoll in sein heiligstes Herz unsere Bitten!"[36]

---

[32]   Exerzitien 1898, Vorsatz 4/5
[33]   Eßer 157
[34]   vgl. Exerzitien 1904, Vorsatz 10, Rundbrief vom Oktober 1942.
[35]   Russotto 129
[36]   Rundbrief vom Dezember 1941, Russotto 130

Das Herz ist bereits im Alten Testament nicht nur das wichtigste Organ des Menschen, sondern auch die Mitte der Person und der Sitz menschlicher Regungen, besonders der Liebe.[37] Die Herz-Jesu-Frömmigkeit hat diese Vorstellung auf Jesus übertragen. Heute sollten wir die ganze Person Jesu Christi in den Blick nehmen, wie er gelebt und gewirkt hat, wie er gelitten hat, gestorben und auferstanden ist. Dadurch kommen wir zum lebendigen Christus.

Betrachtung des Leidens Christi

- *„Bedenke recht oft, wer derjenige ist, der am Kreuze hängt: es ist dein gütiger Jesus. Und du willst ihn noch beleidigen?"* (Generalbeichte 1902)

- *„Das Kreuz und das Leiden Christi sind der sicherste Weg zum Himmel."* (Exerzitien 1903)

- *„Betrachte recht oft das schmerzhafte Leiden und Sterben Jesu Christi mit der Anrufung: O Herr, lass nicht zu, dass deine Leiden und deine Todesangst an mir verloren gehen!"* (Exerzitien 1945, Vorsatz 11)

Die Betrachtung des Leidens Jesu Christi nimmt seit jeher einen bedeutenden Platz in der Spiritualität der Barmherzigen Brüder ein, so auch bei Frater Eustachius Kugler. Der Dienst bei den armen, kranken und notleidenden Menschen bringt die Brüder mit dem menschlichen Leid in Berührung und öffnet den Blick auf Jesus Christus, der für uns gelitten hat und am Kreuz gestorben ist. Die Passion Christi weitet die Sicht auf einen Sinn im Leiden und schenkt Trost und neue Hoffnung.[38]

---

[37] vgl. Dtn 6,5f. und öfter

[38] „Unsere Sendung bringt uns ständig mit dem menschlichen Leid in Berührung. Darum nimmt die Betrachtung der Passion Christi, ,des Schmerzensmannes' (Jes 53,3), einen bedeutenden Platz in unserer Spiritualität ein. In ihr entdecken wir in der Tat den heilbringenden Sinn des Leidens; sie gibt uns Kraft und Trost in den Prüfungen und Schwächen; mit ihr lernen wir schließlich, wie wir Christus als Zeichen der Hoffnung und des Lebens dem Kranken und Leidenden nahe bringen können." (Konstitutionen 33)

Die Konstitutionen des Hospitalordens regen die Brüder nicht nur zur Betrachtung der Passion an, sondern auch zur Meditation des Umgangs Jesu mit den Kranken: „Er zog in ganz Galiläa umher, lehrte in den Synagogen, verkündete das Evangelium vom Reich und heilte im Volk alle Krankheiten und Leiden." (Mt 4,23) Die Menschen von ihren Krankheiten und Nöten zu heilen, das ist auch Aufgabe der Kirche. Es ist diejenige Form der Nachfolge Christi, der sich der Orden des heiligen Johannes von Gott verschrieben hat. Die Sorge um die Kranken bringt folgender Abschnitt der Konstitutionen auf den Punkt: „Wir verstehen uns als Brüder aller Menschen und widmen uns dem Dienst vor allem der Schwachen und Kranken. Ihre Nöte und Leiden bewegen unser Herz. Sie drängen uns, ihnen Hilfe zu bringen und für ihr persönliches Wohlergehen Sorge zu tragen."[39] Weiterhin gibt es einen Zusammenhang zwischen dem Leben Jesu und dem Dienst der Brüder: „Wir schauen auf Jesus, wie er mit den Kranken umgeht, und betrachten sein Leiden und Sterben, die ergreifendste Offenbarung seiner Liebe zum Menschen. Solches Einsenken gibt unserer Liebe neue Kraft. Es bewegt uns zur Nachahmung des Lebens unseres Erlösers und gibt uns Eifer in der Verwirklichung unserer Sendung."[40]

Die Betrachtung des Leidens und Sterbens Jesu war auch dem heiligen Johannes von Gott wichtig, und er empfahl sie anderen Personen. So riet er der Herzogin von Sesa in einem Brief: „Wenn Ihr Euch im Leid befindet, nehmt Eure Zuflucht zum Leiden des Herrn und seinen kostbaren Wunden und Ihr werdet Trost erfahren."[41] Auch im zweiten Brief an die Herzogin schrieb der Heilige aus eigener Glaubenserfahrung heraus über das Leiden Christi: „Ich finde keinen besseren Trost in der Not, als unseren gekreuzigten Herrn Jesus zu betrachten, an Seine heiligste Passion zu denken, an seine Qualen und die Todesangst, die er in Seinem Leben für uns Sünder, Übeltäter, Undankbare und Unbekannte auf sich genommen hat, desgleichen im Blick auf

---

[39] Konstitutionen 5; vgl. Röm 8,29; Lk 4,40; Mk 7,37
[40] Konstitutionen 4.
[41] Briefe, 1 HS 10. Die Briefe des hl. Johannes von Gott sind zitiert nach der Internet-Seite des Hospitalordens (www.oh-fbf.it).

das Lamm Gottes ohne Makel, das schuldlos so viel Leid auf sich genommen hat."[42]

Frater Eustachius pflegte wie sein Ordensvater die Betrachtung der Passion Christi. Er war selber von Jugend an, durch den Sturz vom Baugerüst, betroffen von körperlichem und seelischem Leid, trug es allerdings nie groß nach außen. In den kranken, behinderten und armen Menschen begegnete er dem leidenden Christus, welcher sich gerade mit diesen Menschen identifiziert (vgl. Mt 25,40). Die Verehrung des Leidens Jesu Christi nahm seit seiner Kindheit einen Platz in seinen Frömmigkeitsübungen ein und er pflegte diese ein Leben lang. Daraus erwuchsen seine Liebe und Hingabebereitschaft. Frater Eustachius „betrachtete (…) sehr häufig das Leiden und Sterben Christi und sprach mit den Patienten und Mitbrüdern oft darüber. (…) Abgesehen davon, dass er oft den Kreuzweg in tiefer Frömmigkeit betete, weihte er alle Freitage des Jahres dem schmerzhaften Leiden und Sterben Jesu."[43] Der Kreuzweg, welcher den Leidensweg Jesu bis zum Tod am Kreuz beschreibt, wird auch heute noch bei den Barmherzigen Brüdern gebetet.

Frater Eustachius gab sich bei Exerzitien ein geistliches Programm zur Betrachtung der Passion Jesu. Er verknüpft darin die Leidensstationen Jesu mit persönlichen Vorsätzen:

„Man muss die folgenden 7 Punkte gut üben:
1. *Die Beschneidung des Herrn: Loslösung von den schlechten Neigungen.*
2. *Der Todeskampf Christi: Erinnerung an unseren Todeskampf.*
3. *Die Geißelung Christi: tägliche Abtötung.*
4. *Die Dornenkrönung: den Spott und Hohn der Welt ertragen.*
5. *Die Kreuztragung (auf Kalvaria): das Kreuz und das Leiden ertragen.*
6. *Die Kreuzigung Christi: die Sünden und die Gelegenheit meiden. Reue über die Sünden.*
7. *Die Seitenwunde Christi: würdige Kommunion."[44]*

---

[42]   Briefe, 2 HS 9.
[43]   Russotto 124
[44]   Exerzitien 1901

Die Betrachtung des Leidens Christi kann uns helfen, das menschliche Leid, welches uns immer wieder durch persönliche Erfahrungen oder Berichte begegnet, vor Gott hinzutragen und zu erkennen, dass Jesus Christus auf seinem Weg nach Golgotha die Leidenden unserer Zeit mitnimmt und ihr Kreuz tragen hilft. Das kann für den Gläubigen ein Trost im Leiden sein.

Der Heilige Geist als Beistand

- *„Rufe recht oft den Heiligen Geist an!"*
  (Exerzitien 1937, Vorsatz 13)

- *„Rufe recht oft den Heiligen Geist an, besonders in allen Zweifeln! Er ist der Lebendigmacher deiner Seele."*
  (Exerzitien 1939, Vorsatz 3)

- *„Rufe oft den Heiligen Geist an, um seinen Beistand in allen Nöten und allen Gefahren zu erlangen!"*
  (Exerzitien 1945, Vorsatz 8)

Die dritte Person der göttlichen Dreifaltigkeit, der Heilige Geist, war Frater Eustachius ein stiller und beständiger Begleiter. In obigen Zitaten aus den Exerzitien erweist sich der Geist Gottes als im Gebet Angerufener, als Lebendigmacher, als Beistand und Tröster in Schwierigkeiten. Dies sind nur einige Beispiele für die vielfältigen Bezeichnungen und Eigenschaften des Heiligen Geistes. Das Vertrauen auf die Führung durch den Geist Gottes durchzog das ganze Leben von Frater Eustachius Kugler, auch wenn er es nur an wenigen Stellen erwähnt hat.

Frater Eustachius erfuhr den Heiligen Geist als „liebevollen Beistand", der ihn zum Fortschritt im geistlichen Leben ermunterte. „Er verspürte eine große Kraft und einen großen Trost bei der häufigen Betrachtung der sieben Gaben des Heiligen Geistes und spürte so immer lebhafter das mächtige Wirken der eigenen Seele. Das trieb ihn an, diese Gaben in großer Zahl auch für seine Mitbrüder zu erflehen: ‚Mögen sich doch die Gaben des Heiligen Geistes auf euch alle ergießen und allen die Gnade der Beharrlichkeit im Dienste Gottes bis zum letzten Atemzug gewähren, mag die Zukunft bringen, was sie will!"[45] Der Heilige Geist sollte Frater Eustachius tatsächlich bis an sein Lebensende begleiten, denn bei seinem Tod fand man auf seinem Nachtkästchen einen Zettel mit den sieben Gaben des Heiligen Geistes, vermutlich zur Betrachtung in den Pfingsttagen.

Im Gebet anlässlich des Goldenen Professjubiläums, in welchem Frater Eustachius Kugler allen himmlischen Mächten und irdischen Personen dankte, welche sein Leben begleitet haben, schrieb er zur dritten göttlichen Person: „Dank auch dir, lieber Heiliger Geist, für alle, alle Erleuchtungen, Gnaden und Wohltaten meines ganzen Lebens, besonders aber im Ordensstande."[46] Es ist ein kurzer Liebesbeweis für den Geist, der ihn durchs Leben begleitet und geführt hat und auch uns Christen führen und leiten will.

Vertrauen auf die Hilfe Mariens und der Heiligen

- *„Hege eine aufrichtige und tiefe Verehrung zum schmerzhaften Leiden Jesu und zur seligsten Jungfrau Maria, dann kannst du nicht verloren gehen."*
  (Exerzitien 1895, Vorsatz 13)

- *„Ich will mich eifrig im Gebete üben, vor allem in der Verehrung zur seligsten Jungfrau Maria."*
  (Exerzitien 1897, Vorsatz 8)

- *„Verehre oft die liebe Gottesmutter, das heiligste Herz Jesu, den heiligen Josef, den heiligen Johannes von Gott und bete täglich um die Gnade der Beharrlichkeit bis ans Ende! Amen." (Exerzitien 1904, Vorsatz 13)*

- *„Ein Verehrer Mariens kann nicht verlorengehen. – Lege der Mutter (im Himmel) deine Sorgen vor!"*
  (Exerzitien 1939, Vorsatz 15)

- *„Maria ist meine Mutter: Ich will sie recht innig verehren." (Exerzitien 1942, Vorsatz 9)*

---

[45] Rundbrief vom März 1939, Russotto 131
[46] Russotto 130

Wie diese Sätze ausdrücken, war Frater Eustachius Kugler ein tiefer Verehrer der Gottesmutter Maria wie auch der anderen Heiligen. Maria, die Mutter Jesu, wird im Hospitalorden als Schutzfrau und mit dem Titel *Heil der Kranken* angerufen.[47] Schon dem heiligen Ordensvater Johannes von Gott war die Verehrung der Gottesmutter wichtig. In seinen Briefen schreibt er immer wieder zu Beginn stereotyp: „Im Namen unseres Herrn Jesus Christus und unserer Herrin, der Unbefleckten Jungfrau Maria. Gott sei allen Dingen dieser Welt vorgezogen."[48] Der Ordensheilige verehrte Maria zeit seines Lebens und empfahl die Verehrung auch anderen Menschen.

Die Liebe zu ihr ist bis heute im Hospitalorden lebendig. In den Konstitutionen wird Maria als Vorbild der Barmherzigen Brüder im Tun des Willens Gottes beschrieben. Die Vorschriften zeigen, wie die Brüder ihre mütterliche Liebe bei den kranken und leidenden Menschen aufleuchten lassen. Sie sollen dankbar für ihren Schutz sein und sie mit kindlicher Zuneigung verehren.[49] Maria ist nach den Konstitutionen auch Vorbild der Weihe und Ganzhingabe an Gott sowie der Treue zu Gottes Plänen. Sie hat sich nämlich ganz dem Heilsplan Gottes gewidmet und als Mutter Jesu gelebt. Maria wird „Mutter der Barmherzigkeit" genannt, weil sie lehrt, „am menschlichen Schmerz Anteil zu nehmen und die Qualen und Drangsale der Leidenden zu lindern."[50] Da sie nämlich unter dem Kreuz ihres Sohnes aushielt, gibt sie uns ein Beispiel, wie wir in Treue zu den Kranken stehen sollen, denn in deren Leiden und Schmerzen setzt sich nach den Ordenskonstitutionen das Leiden Christi fort. Die Verehrung Marias geschieht in der „Nachahmung ihrer Tugenden", in der Feier ihrer Feste und in Gebeten.[51]

Frater Eustachius lebte damit ganz in der Tradition seines Ordens, was die Verehrung der Gottesmutter anbelangt. Schon als Kind und junger Mann nahm er seine Zuflucht zu ihr. Er betete dabei

---

[47]   Der Titel „Heil der Kranken" ist eine Anrufung Mariens in der Lauretanischen Litanei.
[48]   Briefe, LB 1 und öfter.
[49]   vgl. Konstitutionen 4
[50]   Konstitutionen 25
[51]   vgl. Konstitutionen 34

gerne den Rosenkranz. Beim Tod seiner Mutter am 12. Mai 1886 erwählte der junge Josef Kugler Maria als seine himmlische Mutter und erneuerte diese Weihe bei den Exerzitien am 23. Mai 1941 auf Rat des Exerzitienmeisters Pater Schmidt SJ.[52] Bei der Wahl zum Provinzial der Bayerischen Ordensprovinz am 19. Juni 1925 weihte er nicht nur sich selbst, sondern die ganze Provinz der Gottesmutter.[53] Frater Eustachius verehrte Maria als himmlische Mutter „unter dem Geheimnis ihrer Unbefleckten Empfängnis und in ihrem Unbefleckten Herzen." Er war „voll von Verehrung, Liebe und Eifer für die Gottesmutter."[54] Sie war ihm Helferin in Versuchungen, Schwierigkeiten und Nöten. Er betete zur „lieben Gottesmutter", welche sich um die Menschen sorgt, um Beharrlichkeit und um einen guten Tod.[55] Pater Gabriele Russotto, Generalpostulator des Hospitalordens, fasst es so zusammen: „Seine Verehrung der Gottesmutter war kindlich und zart, gleichzeitig aber auch aufrichtig und schlicht wie bei einem Kind und das auch noch in seinem hohen Alter. – Diese seine große Frömmigkeit verwandelte sich in eine unbegrenzte Liebe und in ein unbegrenztes Vertrauen."[56] Die Verehrung Mariens empfahl der Provinzial auch seinen Mitbrüdern: „Gehen wir recht oft zur Himmelmutter!"[57] Sie ist es, welche die Not und das Elend der Brüder sieht und ihnen hilft, das Kreuz auf ihrem Lebensweg zu tragen.[58] Bei der kanonischen Visitation der Provinz 1945 ermunterte Frater Eustachius Kugler

---

[52]   „Liebe Mutter Maria, dir weihe ich mich von neuem ganz und gar, mit Leib und Seele, mit allem, was ich bin und habe, mit allen Ablässen und Verdiensten im Leben und im Tode. Mache aus mir, was dir gefällt! Lass alle Verdienste den Seelen zukommen, denen du willst! Wenn ich nicht immer ausdrücklich daran denke, so bitte ich dich, ihnen sowie allen, für die ich beten muss, die heilige Messe und den Rosenkranz am Montag zukommen zu lassen. Meine Mutter, ich bitte dich, alles als dein Eigentum anzunehmen und mich zu dir und deinem Sohn im Himmel zu führen. Amen. 23. Mai 1924." (Exerzitien 1924)

[53]   „Am 19. Juni wurde ich zum Provinzial gewählt. Habe da gleich die ganze Provinz der lieben Mutter Gottes übergeben mit der Bitte, sie möge dieselbe ganz nach dem Willen ihres göttlichen Sohnes leiten." (Eßer 38)

[54]   Russotto 132

[55]   vgl. Russotto 134

[56]   Russotto 132

[57]   ebd.

[58]   vgl. Rundbrief vom 24. Juli 1935, Russotto 43

seine Mitbrüder, die Muttergottes zu bitten, dass sie ihnen die Gnade der Beharrlichkeit, das heißt die Treue zur Berufung als Barmherzige Brüder schenken möge.[59] Auch uns kann die Gottesmutter ein Vorbild gelebten Glaubens, der Liebe und Treue zu Gott und den Menschen, eine Fürsprecherin bei Gott und himmlische Wegbegleiterin auf unserem Lebensweg sein.

Frater Eustachius verehrte nicht nur die Gottesmutter Maria, sondern rief auch die Heiligen als Fürsprecher an. Unter ihnen steht an erster Stelle der Gründer des Ordens, der heilige Johannes von Gott, der den Barmherzigen Brüdern ein Vorbild im Leben und ein Weggefährte in ihrem Dienst ist. Die Brüder sollen ihn nachahmen in der Liebe zu den Menschen, besonders denen, die am Rand der Gesellschaft stehen.[60] Neben dem Ordensvater Johannes von Gott begleiteten auch die Heiligen des Ordens das Leben von Frater Eustachius. Dazu zählen der heilige Augustinus von Hippo (der Verfasser der Ordensregel, nach welcher die Brüder leben), der Erzengel Rafael als Wegbegleiter derer, die an den Kranken ihren Dienst tun sowie heilige, selige und vorbildliche Mitbrüder. Ein weiterer wichtiger Heiliger, den Frater Eustachius Kugler verehrte, war der heilige Josef, welchen die Brüder heute besonders um geistliche Berufe anrufen. Frater Eustachius fasste in einem Rundbrief seine Heiligenverehrung zusammen: „Vergessen wir niemals die Fürbitte unseres heiligen Vaters Johannes von Gott und der Heiligen unseres Ordens, wie auch des heiligen Josef anzurufen, damit diese den guten Kampf für uns kämpfen und uns helfen, den Weg in die Ewigkeit zu finden!"[61]

---

[59] vgl. Russotto 46

[60] „Unter den Heiligen verehren wir zuerst unseren Vater, den heiligen Johannes von Gott, und die Mitbrüder des Ordens, die die Kirche uns als Vorbilder des Lebens und des Apostolates vorstellt. Wir sollen uns bemühen, ihnen nachzufolgen und sie nachzuahmen." (Konstitutionen 35)

[61] Rundbrief vom 24. Juli 1935, Russotto 43. Ein weiteres Zeugnis der Heiligenverehrung von Frater Eustachius ist folgender Briefauszug: „Beten wir (…) inbrünstig zur lieben Gottesmutter, die auch unsere Mutter ist, zum heiligen Josef, zu unserem heiligen Vater Johannes von Gott und zu allen Heiligen, sie mögen uns beim lieben Gott die Gnade erlangen, bis zu unserem Tode unserer heiligen römisch-katholischen Kirche, unserem heiligen Glauben und unserem heiligen Orden treu zu bleiben." (Brief vom 25. Juni 1937, Russotto 41f.)

II. Gebet und Frömmigkeit

Ein Mann des Gebetes

- *„Sei ein Mann des Gebetes und bewahre die innere Sammlung! Sorge dich nicht um irdische Dinge! Töte dich stets ab!" (Exerzitien 1895, Vorsatz 12)*

- *„Ich nehme mir vor, immer meine ersten Gedanken am Morgen Gott zu weihen und den ganzen Tag in Gottes Gegenwart zu wandeln." (Exerzitien 1900)*

- *„Während des Gebetes und der Betrachtung versetze dich immer in Gottes Gegenwart! Betrachtung über das, was vorgelesen worden ist, Rückblick und Vorschau, Dank, Zerknirschung, Bitte und Vorsatz."*
(Exerzitien 1926)

- *„Verrichte gut das Gebet! Es ist eine große Kunst, gut zu beten, und diese Kunst muss man durch die Übung lernen. – Lebe gut in der Gegenwart Gottes und tue alles aus Liebe zu Gott!" (Exerzitien 1938, Vorsatz 20)*

- *„Das Vaterunser ist die Krone aller Gebete, da es von Christus selbst gelehrt wurde. – Bete es immer langsam und andächtig! – Es ist besser, wenig, aber gut zu beten, als viel herunterzuleiern, ohne nachzudenken."*
(Exerzitien 1945, Vorsatz 9)

Das Gebet ist eines der wichtigsten, wenn nicht das wichtigste Charakteristikum von Frater Eustachius Kugler. Ohne sein vertrauensvolles und unablässiges Beten zu Gott lässt sich sein heiligmäßiges Leben nicht verstehen. Das Gebet war für ihn „Atemholen der Seele", wie er es einmal bezeichnete.[62] Zu beten war für Frater Eustachius unbedingt notwendig, um in den Himmel zu kommen. „Wer betet, wird gerettet, wer nicht betet,

---

[62] „Das Gebet ist das Atemholen der Seele. Betrachte und atme tief!" (Exerzitien 1939, Vorsatz 10). Eine Novene zu Frater Eustachius Kugler trägt den Titel „Atemholen der Seele".

ist verloren", drückte er die Heilsnotwendigkeit von Glaube und Gebet aus. Falls er nicht ausdrücklich betete, verrichtete er seine Arbeit und seine Beschäftigungen in guter Meinung.[63] Das heißt zum Beispiel, die Arbeit in Gottes Namen zu tun und die Beziehung zu Gott auch im Alltag zu pflegen. Frater Eustachius nannte dies auch das „Gebet des Herzens".[64]

Schon seit seiner Kindheit und Jugendzeit war Frater Eustachius Kugler ein eher ruhiger, introvertierter und dem Gebet zugeneigter Mensch. Zwei bekannte Beispiele mögen dies verdeutlichen. Eine Frau aus Reichenbach, wo der junge Josef Kugler wohnte, erzählte über ihn Folgendes: „Wenn der Sepp irgendwie Zeit hatte, kniete er vor dem Muttergottesaltar der Reichenbacher Klosterkirche. Als ich einmal in das schöne Gotteshaus trat, um Weihwasser zu holen, sah ich ihn mit ausgebreiteten Armen auf dessen Stufen beten. Er konnte mich nicht hören, da ich barfuss war, und das war gut so. Denn ich wollte ihn ja nicht stören, war aber zutiefst ergriffen von seiner Haltung. Nach kurzer Weile schlich ich mich, ohne die Weihwasserflasche gefüllt zu haben, leise wieder davon."[65]

In Reichenbach erhielt Frater Eustachius als junger Mensch den Namen „Klostersepp", weil er in der ehemaligen Benediktinerkirche, welche zur Pfarrei Walderbach gehört, am Sonntagnachmittag den Rosenkranz vorbetete. Ein weiteres Beispiel seines frühen Gebetslebens ist folgendes: Als Schlosserlehrling wurde er nach dem Sturz vom Baugerüst in einem Münchner Krankenhaus behandelt. In der Zeit der Genesung, als er vom Krankenbett aufstehen durfte, betete Josef Kugler häufig in der Kapelle. „Eines Tages wollte ihn sein Bruder Franz besuchen. Da er ihn nicht im Krankenzimmer fand, fragte er die Krankenschwester, wo der Kranke sei. Ihre Antwort lautete: „Josef Kugler? Der ist bestimmt in der Hauskapelle, wo er fast den ganzen Tag verbringt." Dort fand ihn dann auch sein Bruder Franz."[66]

---

[63] vgl. Exerzitien 1943, Vorsatz 4. Der Kirchenlehrer Origenes schreibt dazu: „Unablässig betet, wer sein Gebet mit Taten und Taten mit Gebet verbindet. Nur so können wir der Ansicht sein, dass sich der Grundsatz, jederzeit zu beten, verwirklichen lässt." (Origenes, or. 12, zitiert nach: Katechismus Nr. 2745)

[64] „Ohne das Gebet, sei es das mündliche oder das Gebet des Herzens, gibt es keinen Fortschritt in der Tugend." (Exerzitien 1904, Vorsatz 12)

[65] Abeln 34f.

[66] Russotto 17

Russotto schreibt über das weitere Gebetsleben von Frater Eustachius: „Nachdem er Ordensmann geworden war, wurde sein Gebetsgeist noch stärker, so dass er in beständiger Sammlung und in beständiger Vereinigung mit Gott war; dies war nicht nur während seines Noviziats und in den ersten Jahren der Profess der Fall, sondern auch später inmitten der zahlreichen Arbeiten und Sorgen, die ihm seine Pflichten als Haus- und Provinzoberer auferlegten. Die mündlichen Gebete, welche er am meisten liebte und für die er eine große Hochachtung hegte, waren das Vaterunser und das Ave Maria."[67]

Frater Eustachius betete nicht weniger, als er 1925 zum Provinzial gewählt worden war. Auch in diesem hohen Amt traf man ihn, sogar nachts, in der Krankenhauskirche beim Gebet an. Er liebte beim Gebet offensichtlich das Alleinsein, wie es schon Jesus Christus empfahl: „Du aber geh in deine Kammer, wenn du betest, und schließ die Tür zu; dann bete zu deinem Vater, der im Verborgenen ist. Dein Vater, der auch das Verborgene sieht, wird es dir vergelten." (Mt 6,6) Bei den Exerzitien 1926 schrieb Frater Eustachius: „Gehe oft mit dem heiligen Franziskus auf den Berg La Verna in die Einsamkeit! Lerne dort deinen Gott kennen!"[68]

Der „große Beter seines Ordens"[69], wie er von Pfarrer Franz Hiltl genannt wird, „betete immer, sein ganzes Leben lang, Tag und Nacht, auch während der Arbeit. Jede freie Minute schenkte er seinem göttlichen Gesprächspartner. Morgens war er – oft schon um vier Uhr früh – der erste in der Kirche, am Abend war er der letzte, der das Gotteshaus wieder verließ. (…) Selbst in seinen letzten schweren Krankheitstagen schleppte er sich noch mühsam in die Kirche, um mit seinem Herrn, dem er sich zutiefst verbunden wusste, Zwiesprache zu halten. Die Kirche war die Heimat seines Herzens."[70] Frater Eustachius konnte jederzeit beten, so zum Beispiel auch während des Zweiten Weltkrieges, als er bei der Gartenarbeit mithalf. Im Alleinsein richtete er seine Gedanken an Gott. Pater Gabriele

---

[67] Russotto 55
[68] In der stillen Höhle La Verna in der Toskana empfing Franziskus im Gebet 1224 die Wundmale Christi.
[69] Hiltl 22
[70] Abeln 37

Russotto schreibt über sein immerwährendes Gebet: „Er betete, wo immer er sich befand: zu Hause, während er sich von einem Platz an den anderen begab; in den Amtsstuben, während er darauf wartete, vorgelassen zu werden; in der Straßenbahn und im Zug, indem er stets den Rosenkranz unter dem Skapulier in erbaulicher und ergreifender Sammlung in Händen hielt."[71]

Frater Eustachius, der Mann des Gebetes, setzte sich vor Gott für das Wohl seiner Häuser, Mitbrüder, Patienten und Betreuten ein. So trug das Gebet auch Frucht für andere Menschen. Er war damit wahrhaft „die betende Seele der Provinz"[72], die viel Gutes tat. Das Gebet empfahl er den Mitbrüdern aufs Dringlichste, besonders in der bedrohlichen Zeit des Nationalsozialismus: „In Anbetracht der Zeitverhältnisse – Verhöre und Hausdurchsuchungen durch die Gestapo werden fortgesetzt – möchte ich alles in einem Wort zusammenfassen, welches heißt: Betet, betet und abermals betet, damit in allem der heiligste Wille Gottes geschehen möge und jedem zurufen: Halte fest, was du hast, damit dir nicht ein anderer die Krone raube!"[73]

Gebetet hat Frater Eustachius bis zu seinem Tod. Auf diesen bereitete er sich auch durch den Besuch der Gräber seiner Mitbrüder vor, welche in der Nähe des Regensburger Krankenhauses beerdigt sind. Auf dem Friedhof fand man ihn ebenso betend wie in der Kirche. Zum Gebet nahm er gerne den Rosenkranz zur Hand.

Der Rosenkranz als Lieblingsgebet

- *„Bete recht andächtig den Rosenkranz! – Beim Ave Maria sprich den Namen Jesu recht gut aus und bete es recht gut!" (Exerzitien 1944, Vorsatz 9)*

- *„Verehre recht innig die liebe Gottesmutter, bete recht andächtig das Ave Maria und den Rosenkranz, bete viel um einen glücklichen und seligen Tod!"*
  (Exerzitien 1945, Vorsatz 12)

---

[71] Russotto 56
[72] Frater Valerian Schönmann, Russotto 55
[73] Rundschreiben vom 18. Juni 1938, Eßer 150

Der Rosenkranz ist ein marianisches Wiederholungsgebet, in welchem das Heilsgeschehen um Jesus Christus in den Blick genommen wird. Papst Paul VI. nannte es die „Kurzfassung des ganzen Evangeliums"[74], in dem das Leben Jesu Christi von seiner Empfängnis bis zur Himmelfahrt sowie Ereignisse aus dem Leben Mariens betrachtet werden.

Das Rosenkranzgebet genießt seit jeher bei den Barmherzigen Brüdern hohe Wertschätzung und Übung, gerade in einem Orden mit laikalem Charakter. Auch der heilige Johannes von Gott betete den Rosenkranz und empfahl das Gebet Luis Bautista, einem Interessenten am Gemeinschaftsleben: „Als letzten Hinweis sage ich Euch, dass es mir mit dem Rosenkranzgebet sehr gut gegangen ist, und wenn Gott will, werde ich ihn beten, sooft ich kann."[75] Nach den Ordenskonstitutionen ist der Rosenkranz ein vorzüglicher Ausdruck der Verehrung der Gottesmutter Maria.[76]

Diese Ansicht teilte auch Frater Eustachius Kugler, wenn er den Rosenkranz betete. Für ihn war es „sein liebstes Gebetbuch"[77], das er oft verwendete. Schon von Kindheit auf war er mit dem Gebet, welches der Verehrung für die Gottesmutter entspringt, vertraut, wie sein Vorbeten in Reichenbach zeigt. Es wurde im Lauf seines Lebens zu einem Lieblingsgebet von Frater Eustachius. Davon spricht er selber in einem seiner Exerzitienvorsätze, indem er den Rosenkranz und die Lauretanische Litanei „mit großer Andacht verrichten" will.[78]

Auch seine Mitbrüder berichteten von Frater Eustachius, dass er den Rosenkranz oft und gerne gebetet hat. Bei den Luftangriffen auf Regensburg legte er seine Bitten in das marianische Gebet hinein. Ein Mitbruder äußerte über das ständige Gebet des Provinzials: „Den Rosenkranz hat Frater Eustachius immer in der Hand gehabt, ich möchte schon sagen Tag und Nacht, und jedes zweite Wort war: „Vergesst die Himmelsmutter

---

[74]   vgl. Papst Paul VI., Apostolisches Mahnschreiben „Marialis cultus" 42, zitiert nach Katechismus Nr. 971.

[75]   Briefe, LB 17

[76]   vgl. Konstitutionen 34

[77]   Eßer 93

[78]   Exerzitien 1900

nicht, dann kann nichts schiefgehen!"[79] Er war damit wohl der eifrigste Rosenkranzbeter seiner Provinz und ein Vorbild für seine Mitbrüder. Das blieb Frater Eustachius nach Russotto bis zu seinem Tod: „In den letzten zehn Jahren seines Lebens hielt er ständig den geliebten Rosenkranz in Händen und starb auch so voller Heiterkeit."[80]

Das Rosenkranzgebet erlebte in jüngster Zeit durch die Formulierung der lichtreichen Geheimnisse mit Szenen des irdischen Wirkens Jesu eine Bereicherung. Es ist ein einfaches, meditatives Gebet, das man auch im Alltag beten kann und in das man viele Anliegen hineinlegen kann neben der Betrachtung des Lebens Jesu und Mariens.

Verehrung der Eucharistie

- *Blicke recht oft auf Jesus im Allerheiligsten Altarsakrament! Wie arm und verlassen ist er doch! Und dann jammere noch?" (Exerzitien 1901)*

- *„Betrachte es als ein großes Glück, täglich der heiligen Messe beiwohnen zu dürfen! Empfange mit großer Andacht die heilige Kommunion! Besuche recht oft Jesus im Allerheiligsten Altarsakrament! Auf dem Sterbebette wird dir das ein großer Trost sein." (Generalbeichte 1902)*

- *„Trage alle Ängste und Nöte und die der Provinz und des Ordens dem göttlichen Heiland im Tabernakel vor! Sag ihm, dass du dich in der Profess ihm geschenkt hast und dass du dich ihm jeden Tag neu schenken willst!" (Exerzitien 1937, Vorsatz 12)*

- *„Ich glaube, dass Jesus Christus in der heiligen Eucharistie gegenwärtig ist. – Das heilige Messopfer ist das gleiche Opfer wie das Opfer am Kreuze. Empfange*

---

[79] Abeln 37
[80] Russotto 133

recht oft die heilige Kommunion und besuche recht oft den lieben Heiland im Tabernakel: trage all deine Nöte dorthin!" (Exerzitien 1943, Vorsatz 8)

„Das Wort Gottes und die Eucharistie sind Mitte unseres Lebens", schreiben die Konstitutionen des Hospitalordens.[81] Die Feier der Eucharistie ist nicht nur „Quelle und Höhepunkt des ganzen christlichen Lebens"[82], sondern auch Mitte des Lebens und Ausübung des allgemeinen Priestertums der Barmherzigen Brüder. Sie erneuern in der Feier der Eucharistie ihre Hingabe an Gott und bitten ihn für die Menschen, die in den Einrichtungen betreut werden. Außerdem ist die Eucharistiefeier Zeichen der Gemeinschaft untereinander und mit Christus, dem Erlöser und Vorbild in der Hingabe an die Kranken und Hilfsbedürftigen. Auch die Anbetung der Eucharistie, des Leibes und Blutes Jesu Christi, wird den Brüdern in den Konstitutionen empfohlen als Dank für die Liebe und Ermutigung, an der Seite des leidenden Menschen zu bleiben und ihn in seinem Schmerz und seiner Einsamkeit zu begleiten.[83] Auch Frater Eustachius Kugler lebte aus der heiligen Messe und der Verehrung des Altarsakramentes. Ebenso wie das Gebet zählte dies zu den wesentlichen Faktoren seines geistlichen Lebens.

Die Feier der heiligen Messe mit dem Empfang der Kommunion gehörten schon von Jugend an einfach zu seinem Leben dazu – und er lebte daraus. Für Frater Eustachius war „das Schönste, was es auf Erden gibt, (…) eine heilige Messe, bei der man die heilige Kommunion empfangen kann."[84] Er sah in der Kommunion ein Mittel, um vollkommen zu werden und wollte „der heiligen Messe immer mit lebendigem Glauben beiwohnen, denn es ist ja das Opfer Jesu Christi am Kreuze."[85] Außerdem nannte sie Frater Eustachius die „Speise in der irdischen

---

[81]   Konstitutionen 4
[82]   Zweites Vatikanisches Konzil, Lumen Gentium 11
[83]   vgl. Konstitutionen 30
[84]   nach Frater Clarus Bierler, Russotto 128
[85]   „Die heilige Kommunion ist das erste Mittel zur Vollkommenheit." (Exerzitien 1898, Vorsatz 8), vgl. Exerzitien 1938, Vorsatz 17

Wüste", „die Speise der Seele" und „das Unterpfand der ewigen Seligkeit."[86] Er nahm ganz gesammelt an der heiligen Messe teil und empfing mit derselben Sammlung die Eucharistie, den Leib des Herrn.

Frater Eustachius Kugler nahm aber nicht nur als gläubiger Bruder an der heiligen Messe teil, sondern übernahm auch sehr gerne den Dienst des Messdieners. Dies tat er seit seiner Kindheit, als Bruder und später sogar als Ordensoberer. „Als Provinzial löste er häufig den Bruder ab, der ministrierte, wenn er wusste, dass dieser sehr viel zu tun hatte; auf diese Weise verband er Frömmigkeit und Nächstenliebe. Er ließ sich keine heilige Messe entgehen, die im Hause gefeiert wurde. Um ihr beiwohnen zu können, unterbrach er jede Beschäftigung, die in diesem Augenblick nicht unbedingt notwendig war."[87]

Frater Eustachius Kugler empfing nicht nur den Leib des Herrn in der Eucharistiefeier, sondern betete ihn auch häufig im Altarsakrament an. Dies tat er nicht nur in ausdrücklichen Anbetungszeiten, sondern auch zwischendurch. Er verweilte gerne in der Gegenwart und Nähe Jesu Christi und erhielt dort Trost und Rat für sein Wirken als Barmherziger Bruder. Seinen Mitbrüdern schrieb Frater Eustachius zum Trost: „Gehen wir recht oft zum lieben Heiland im Tabernakel und zu seiner allerheiligsten Mutter und klagen da unsere Not und unser Elend und wir dürfen versichert sein, dass uns dieselben unser Kreuzlein tragen helfen auf diesem Lebenswege."[88]

Frater Eustachius besuchte oft die Kapelle, um seinem Herrn einen kurzen Besuch abzustatten. Ein Mitbruder von ihm sah ihn „beinahe stündlich" dorthin gehen.[89] Auch am Nachmittag betete er vor dem Allerheiligsten vor dem „göttlichen Gefangenen der Liebe", wie es Pater Russotto ausdrückt. Der Ordensgeistliche schreibt außerdem: „Der Tabernakel war der Mittelpunkt seines ganzen Innenlebens und seiner ganzen äußeren Tätigkeit, seiner Freuden und seiner Leiden; sein gewöhnlicher Zufluchtsort,

---

[86]   Exerzitien 1940, Vorsatz 8; vgl. Exerzitien 1939, Vorsatz 11
[87]   Russotto 128
[88]   Visitationsbericht in Attl vom 5. Dezember 1934, Eßer 149
[89]   Frater Anastasius Filser, Russotto 36

wenn er Licht, Trost und Kraft brauchte. (…) Er durchdachte und löste all seine Aufgaben zu Füßen des Heilands im Tabernakel. (…) Wenn er ins Sprechzimmer gerufen wurde, begab er sich vorher in die Kapelle; das tat er übrigens (…) jedes Mal, wenn er von einem Büro oder sonstigen Ort des Hauses zu einem anderen gehen musste."[90] Auch wenn er die Häuser seiner Provinz besuchte oder visitierte, führte sein Weg zuerst in die Hauskapelle zum Besuch des Allerheiligsten.

In der Piuskirche betete Frater Eustachius bevorzugt in der Seitenkapelle neben der Sakristei, „in unmittelbarer Nähe des Tabernakels. Dort konnte man den schweigenden Beter oft finden."[91] Ein Zeugnis seines Mitbruders Sola Meyer zeigt den großen Beter, der im Gebet vor dem im Tabernakel gegenwärtigen Christus seine Erfüllung fand: „Wenn man ihn dort beten sah, so war das immer ergreifend für mich, denn nur ein Heiliger kann beten wie er."[92]

Die Anbetung Jesu Christi im Tabernakel ist auch für uns Zeichen der Verehrung des Herrn. Hier dürfen wir Jesus Christus ganz nahe sein und uns ihm öffnen mit all unseren Anliegen. Noch näher kommt uns der Sohn Gottes in der Kommunion durch den Empfang des Leibes und Blutes Christi. Beide Übungen gehören im Wesen zusammen, auch wenn im Lauf der Kirchengeschichte immer wieder das eine oder andere von den Gläubigen mehr geübt wurde.

Hoffnung auf den Himmel

- *„Bedenke, was die Ewigkeit ist: immer leiden oder immer sich freuen!"*
  (Exerzitien 1902)

- *„Ich bin dazu bestimmt, unter Ordensleuten und Bekennern in den Himmel zu kommen.*

---

[90] Russotto 126
[91] Frater Pankratius Wolf, Russotto 127
[92] Frater Sola Meyer, ebd.

- *Ich muss um jeden Preis in den Himmel kommen. Der Himmel ist alles wert."* (Exerzitien 1903)

- *„Freue dich auf den Himmel!"* (Exerzitien 1939)

- *„Leben in der Gegenwart Gottes. Wer ausharrt bis ans Ende, wird die Krone empfangen."*
  (Exerzitien 1942, Vorsatz 3)

Frater Eustachius setze seine ganze Hoffnung auf Gott und erhoffte von ihm auch, in den Himmel aufgenommen zu werden. Diese Hoffnung prägte sein ganzes Leben, das man als eine Vorbereitung auf den Himmel bezeichnen könnte. Frater Eustachius wusste nicht nur, dass er einmal sterben werde, sondern bereitete sich auf einen guten Übergang in das ewige Leben bei Gott durch ein entsprechendes irdisches Dasein vor. Denn nach dem Tod folgt Gottes Gericht, in welchem der Mensch zur ewigen Glückseligkeit oder zur ewigen Gottferne gelangt. Weil das Gericht – trotz aller Hoffnung des Menschen auf Gottes Barmherzigkeit – nicht zu beeinflussen ist, ermahnte der Barmherzige Bruder sich selbst: „Ich muss sterben, und nach dem Tode folgt das Gericht; denke recht oft daran!"[93] Das Sich Bewusstmachen der eigenen Sterblichkeit sollte dazu führen, ein möglichst gottgefälliges Leben zu führen. Frater Eustachius empfahl „die vollkommene Reue", um unbelastet vor Gott hintreten zu können.[94]

Frater Eustachius Kugler entwickelte, wohl beeinflusst durch die Vorträge der Exerzitienmeister, folgende kurze Lehre von den letzten Dingen:

„Vom Tode. – Der Tod kommt in einem Augenblick, da man ihn nicht erwartet: sei daher immer bereit!" - *„Vom Gericht.*

---

[93] Exerzitien 1941, Vorsatz 3

[94] Exerzitien 1942, Vorsatz 7. Im Katechismus der katholischen Kirche, Nr. 1452, heißt es dazu: „Wenn die Reue aus Liebe zu Gott, der über alles geliebt wird, hervorgeht, wird sie ‚‚vollkommene' oder ‚Liebesreue' genannt. Eine solche Reue lässt die lässlichen Sünden nach; sie erlangt auch die Vergebung der Todsünden, wenn sie mit dem festen Entschluss verbunden ist, sobald als möglich das sakramentale Bekenntnis nachzuholen."

– Ich werde vom allwissenden Richter über mein ganzes Leben gerichtet." - „Vom Himmel. – Wir werden Gott schauen, lieben und ihn ewig besitzen. In den schweren Stunden richte den Blick nach oben!"[95]

„Nach dem Tod folgt gleich das Gericht, bei welchem der göttliche Heiland nicht mehr der barmherzige, sondern der gerechte Richter ist." - „Von der Trennung des Leibes von der Seele. – Der Satan tut alles Mögliche, um die Seelen zu bekommen, aber die Barmherzigkeit Gottes hilft der Seele." - „Vom Gericht. – Anwesend sind der Richter Jesus Christus, die liebe Mutter Gottes, der heilige Schutzengel und die heiligen Patrone sowie der Satan als Ankläger. Angeklagt wird die Seele, die gerechte wie die böse." - „Von der Hölle. – Es gibt eine Hölle, und niemand auf Erden ist sicher, dass er nicht in die Hölle kommt; auch ich nicht. – Es ist nur die Barmherzigkeit Gottes, wenn ich nicht in die Hölle komme."[96]

Frater Eustachius schloss also die Möglichkeit, in die Hölle zu kommen, nicht aus, hoffte aber auf Gottes Rettung vor dem ewigen Tod. Im irdischen Leben ist das jenseitige Schicksal noch unentschieden. Deswegen schreibt er: „Mit einem Fuß stehe ich in der Zeit, mit dem anderen in der Ewigkeit. – Ich will mir recht oft vorstellen, dass ich vor dem Richterstuhl der göttlichen Gerechtigkeit stehe, dass ich in die Hölle blicke und die Worte höre: „Weiche von mir, du Verfluchter, in das ewige Feuer!" (Mt 25,41)[97] Bezüglich des Endgerichts, das wie ein irdischer Prozess dargestellt wird, setzte er auf den Beistand der Heiligen, auf welche er auch sonst vertraute.

Das letzte und höchste Ziel von Frater Eustachius war, in den Himmel zu kommen und der ewigen Gottferne zu entgehen. Daher konnte er auch kühn schreiben: „Der Himmel ist mein.

---

[95] Exerzitien 1944, Vorsätze 2-4
[96] Exerzitien 1937, Vorsätze 7-10
[97] Exerzitien 1897, Vorsatz 3. Ein weiterer Ausspruch zeigt das Elend des ewigen Getrenntseins von Gott: „Es gibt eine Hölle und ich kann noch dorthin kommen. – Denke recht oft über das Wörtchen ‚ewig' nach!" (Exerzitien 1945, Vorsatz 4)

Der Himmel ist nahe. Ich muss in den Himmel kommen."[98]
Die Hoffnung auf das ewige Leben bei Gott löste in ihm eine
tiefe Freude aus. Er vertraute auf Gottes unendlich große
Barmherzigkeit und hoffte, durch Ihn gerettet zu werden. Ganz
nach dem Motto der Volksmissionen, „Rette deine Seele!",
arbeitete er an seinem persönlichen, individuellen Seelenheil:
„Ich *muss* meine Seele retten. Ich *will* meine Seele retten. Ich
kann meine Seele retten mit der Hilfe des lieben Heilands und der
lieben Gottesmutter."[99] Die aktive Sorge um das eigene Heil setzt
voraus, dass Gott uns letztlich rettet, nicht der Mensch selbst. Gott
ruft den Gläubigen zu sich, was Frater Eustachius mit Worten
der Offenbarung des Johannes ausdrückte: „Ich komme bald, um
dich zu holen (vgl. Offb 22,20). – Sei getreu, damit deine Krone
nicht ein anderer empfange" (ebd. 2,10; 3,11).[100]
Pater Gabriele Russotto schreibt über die Hoffnung auf den
Himmel und die unverlierbare Gemeinschaft mit Gott: „Das
ganze Leben von Frater Eustachius und seine ganze Tätigkeit
war nichts anderes als ein ständiges Sich lösen von der Erde und
eine wachsende Sehnsucht nach dem Himmel, den er als die
wahre Heimat und das wahre Vaterhaus ansah, indem er endlich
Gott sehen, lieben und sich Gottes freuen könne, nicht mehr
im Spiegel der Schöpfung, sondern unverhüllt, ‚von Angesicht
zu Angesicht' (1 Kor 13,12) und ohne die Gefahr, ihn noch zu
verlieren."[101] So konnte Frater Eustachius Kugler voll Vertrauen
und in Vorfreude dem Himmel entgegen gehen.

Helfer der Armen Seelen

- *„Erwirb recht viele Ablässe für die Seelen des
  Fegfeuers!" (Exerzitien 1924)*

- *„Von heute an will ich in dem Maß, in dem es mir möglich
  ist, den Liebesbund und alle Werke und Verdienste für die
  Armen Seelen im Fegefeuer aufopfern." (Offensichtlich*

---

[98] Exerzitien 1924
[99] Exerzitien 1945, Vorsatz 1
[100] Exerzitien 1937
[101] Russotto 48

*handelt es sich um den sogenannten „heroischen Akt"
zugunsten der Armen Seelen im Fegfeuer, Exerzitien
1924)*

- *„Denke oft an den Himmel! – Bete viel für die armen
  Seelen im Fegfeuer!" (Exerzitien 1945, Vorsatz 5)*

Frater Eustachius Kugler versuchte nicht nur, selber in den
Himmel zu kommen, er wollte auch andere zur ewigen
Gemeinschaft mit Gott mitnehmen. Deswegen betete er viel
für die Verstorbenen, besonders die armen Seelen, welche das
fürbittende Gebet der Lebenden am meisten brauchen. Mit den
armen Seelen sind diejenigen Verstorbenen gemeint, die nach
dem Tod im Purgatorium, auch Fegfeuer genannt, geläutert
werden, um so ganz frei von Sünden in den Himmel eingehen
zu können. In der Kirche war es von jeher Brauch, für die
Verstorbenen zu beten, damit sie Gott schauen dürfen.[102]
Frater Eustachius betete für die armen Seelen, um ihre Leiden im
Purgatorium zu lindern und sie „von jenem Ort des Schmerzes zu
befreien, an dem die göttliche Gerechtigkeit und Barmherzigkeit
sie läutert."[103] Er betete nicht nur für die Verstorbenen, sondern
ließ für sie heilige Messen feiern und opferte sich für sie auf.
Aus diesem Grund nannten ihn seine Mitbrüder „einen großen
Freund der Armen Seelen des Fegfeuers."[104] Frater Eustachius
betete zu Beginn seines Ordenslebens besonders für seine „Eltern,
Geschwister, Mitbrüder, Seelsorger und Beichtväter".[105]
Im Gebet für die Verstorbenen dachte er besonders an die
Mitbrüder. Auch nach dem Tod verbindet beide, die Lebenden
und Toten, das Band der Bruderliebe. Die Konstitutionen
des Hospitalordens sehen das Gedenken an die verstorbenen
Mitbrüder, die zu Gott vorausgegangen sind und das Gebet für
sie als ein Merkmal der brüderlichen Gemeinschaft.[106]

---

[102] vgl. Katechismus Nr. 1030-1032
[103] Russotto 136
[104] Russotto 137
[105] Exerzitien 1895, Vorsatz 9
[106] vgl. Konstitutionen 37; die Barmherzigen Brüder beten täglich für ihre verstorbenen Mitbrüder.

Der Eifer von Frater Eustachius Kugler für seine verstorbenen Mitbrüder am Regensburger Brüderfriedhof zeigt die Aussage von Frater Eustachius Geisenberger: „Sehr oft konnte man den Pater Provinzial im Friedhof überraschen, wie er das Unkraut aus den Gräbern zog und in der warmen Jahreszeit die Blumen goss. Er versorgte auch den Friedhof mit Weihwasser, damit man die verstorbenen Mitbrüder besprengen könne. Ob im Sommer oder im Winter, ob die Sonne hernieder brannte oder ein Schneesturm tobte, Frater Eustachius machte den verstorbenen Mitbrüdern seinen Besuch und betete für sie."[107]

Auf dem Friedhof ehrte er nicht nur seine verstorbenen Mitbrüder, sondern holte sich auch bei ihnen Rat in Schwierigkeiten. Frater Eustachius setzte auf ihre Hilfe und Unterstützung. Wenn er nicht mehr weiter wusste, sagte er: „Jetzt gehe ich in den Friedhof zu unseren Brüdern, damit sie uns von dort oben helfen."[108] Sowohl die Fürbitte, als auch der Rat von den Verstorbenen lässt sich nur aus einem tiefen Glauben an die Auferstehung heraus erklären. Das Gebet für die Menschen, die uns zu Gott vorausgegangen sind, ist auch heute in der Kirche von Bedeutung. Es ist ein Zeichen der Liebe über den Tod hinaus.

Frömmigkeit des Dieners Gottes

- *„Ich will und muss heilig werden und will zu diesem Zweck all meine Handlungen aus Liebe zu Gott verrichten. Das heiligste Herz Jesu muss mein Lehrer in der Vollkommenheit sein. Ich will mich in allem fragen, wie Jesus gehandelt hätte, und so will auch ich handeln. Beobachte pünktlich die heilige Regel, die eine weitere Auslegung der Gelübde ist, und du wirst vollkommen werden. Das Kreuz gehört zur Vollkommenheit."[109]*

- *„Beherrsche dich in allem! Hingabe an Maria. Vertrauen auf Gott. Bruderliebe. Loslösung von den Geschöpfen." (Exerzitien 1899)*

---

[107] Russotto 138
[108] Frater Sola Meyer, Russotto 138
[109] Geistliches Programm zu Beginn seines Ordenslebens, an das sich Frater Eustachius ein Leben lang hielt, Aufzeichnungen 5

- *„Beten, bitten, verzichten und leben, Vertrauen haben auf den Namen Jesu." (Exerzitien 1938, Vorsatz 2)*

- *„Alles aus Liebe zu Gott, zur Ehre Gottes! Herr, dein Wille geschehe!"*
  (Exerzitien 1942)

Nachdem wir bereits verschiedene Glaubenshaltungen und Frömmigkeitsformen von Frater Eustachius Kugler kennen gelernt haben, schauen wir ein bisschen umfassender auf seine Spiritualität und Frömmigkeit. Es ging ihm darum, durch den Glauben an Gott seine Seele zu retten. So schrieb Frater Eustachius einmal in einem Exerzitienvorsatz: „Rette deine Seele, alles übrige ist nebensächlich."[110] Der vorbildliche Ordensbruder stellte Gott an die erste Stelle seines Lebens und richtete alles an ihm aus. Dies drückt auch sein oben zitiertes Leitmotiv aus: „Alles aus Liebe zu Gott!"

Den christlichen Glauben lernte der junge Josef Kugler bei seinen Eltern kennen. Durch sie erhielt er ein lebendiges Beispiel gelebter Güte, Tugend und Glaubenstreue. Er liebte Gott Vater, Jesus Christus, die Gottesmutter Maria und die katholische Kirche. Er hielt die Gebote Gottes sowie die kirchlichen Vorschriften gerne und gewissenhaft von Kindheit an.[111] „Schon als Kind legte er eine besondere Vorliebe an den Tag für alles, was sich auf die Wahrheiten des Glaubens und auf den Gottesdienst bezog."[112] Deswegen nahm er täglich an der heiligen Messe teil, welche die Mitte christlichen Lebens ist. Dies wurde ihm ein Leben lang zur guten Gewohnheit. Auch das persönliche, unablässige Gebet brachte Frater Eustachius Gott näher. Wenn er nicht betete, versuchte er, alles in der guten Absicht, um Gottes Willen, zu tun.[113] Er verehrte Jesus Christus im Allerheiligsten und hatte eine große Liebe zu ihm.

---

[110] Exerzitien 1937, Vorsatz 1
[111] vgl. Russotto 75
[112] Russotto 38
[113] „Lebe immer in der Gegenwart Gottes und trachte bei allen Gelegenheiten danach, Gott zu gefallen und ihn mit der guten Meinung zu verherrlichen!" (Geistliche Aufzeichnung von Frater Eustachius, die allein gefunden wurde, Aufzeichnungen, S. 32)

In seinen frühen Ordensjahren verfasste er bei Exerzitien einen geistlichen Wochenplan, in dem er jeden Tag mit einem anderen geistlichen Inhalt verband:

„Am Sonntag verehre besonders die heiligste Dreifaltigkeit! – Am Montag den heiligen Johannes von Gott und den Namenspatron! – Am Dienstag den heiligen Schutzengel! – Am Mittwoch den heiligen Joseph! – Am Donnerstag den heiligen Aloisius und das Allerheiligste Altarsakrament! – Am Freitag das schmerzhafte Leiden und Sterben Jesu, besonders das heiligste Herz Jesu! – Am Samstag die liebe Gottesmutter, besonders die Unbefleckte Empfängnis!"[114]

Frater Eustachius gab sich auch in den anderen geistlichen Übungen Vorsätze für sein Ordensleben, welche er dann im Alltag umsetzte. Sein Hauptziel, das Ziel des christlichen Lebens, war in den Himmel zu kommen, zur ewigen Gemeinschaft mit Gott. Um dies zu erreichen, verzichtete er auf seinen Eigenwillen und übte Askese, Demut und Gehorsam. Er empfahl sich selbst die Lektüre der *Nachfolge Christi*, einem weitverbreiteten geistlichen Buch des Thomas von Kempen, besonders Buch III, Kapitel 23 sowie eine ehrliche Beichte.[115]

Um in den Himmel zu kommen, erbat Frater Eustachius von Gott die Gnade, das irdische Leben zum Guten auszunützen und sich auf einen guten Tod vorzubereiten. Der heiligmäßige Mann drückte dies, geprägt durch die Spiritualität seiner Zeit, mit folgenden Worten aus: „Der gütige Gott will, dass ich gut sterbe. Es hängt nur von mir ab. Zu diesem Zweck will ich mit Gottes Hilfe meine Lauheit verbannen und nehme mir vor, alles aus Liebe zu Gott zu tun, zu arbeiten und zu leiden, und besonders will ich gleich am Morgen die gute Meinung erneuern und

---

[114] Exerzitien 1898, Vorsatz 10

[115] vgl. Exerzitien 1901. Das dritte Buch der „Nachfolge Christi" handelt vom innerlichen Trost.
Das 23. Hauptstück zeigt vier Dinge, die großen Frieden bringen: a) Gottes Willen mehr als dem eigenen folgen, b) lieber weniger als mehr nehmen, c) den geringeren Platz wählen, d) Bitten, dass Gottes Wille an mir geschehe. Darauf folgt das Gebet gegen schlechte Gedanken und das Gebet um die Erleuchtung des Geistes, in welchem der Beter sich völlig an den liebenden Gott bindet.

das Gebet sprechen, das ich im Noviziat gelernt habe; und am Abend will ich die liebe Gottesmutter, den heiligen Josef und den heiligen Johannes von Gott um einen guten Tod anflehen. Ganz besonders will ich das heiligste Herz Jesu, die Zuflucht der Sterbenden, anrufen."[116]

Das Heiligste Herz Jesu verehrte er, wie wir bereits gelesen haben, genauso wie die Gottesmutter Maria. „Frater Eustachius wusste sich allezeit als Jünger und Bruder Christi und, ähnlich wie Christus, als treuer Sohn Mariens; ihnen beiden, Jesus und Maria, hatte er sein Herz und seine Seele geschenkt."[117] Dem menschgewordenen Sohn Gottes begegnete er täglich in der Feier der Eucharistie, wie auch in der Anbetung. Er folgte ein Leben lang Jesus nach und wollte ihm ähnlich werden.[118] Frater Eustachius betrachtete außerdem oft das Leiden Jesu Christi und verehrte das Kreuz: „Immer, wenn er das Refektorium des Regensburger Konventes betrat und am Kreuz mit dem lebensgroßen Cruzifixus vorbeiging, neigte er sein Haupt und gab der Fußwunde des Heilands in Ehrfurcht und Ergriffenheit seinen Handkuss; er wusste seinen Platz zu Füßen des Gekreuzigten. – Jeden Sonntag, jahraus, jahrein, betete er den Kreuzweg und folgte, wie einst Maria, der Apostel Johannes und die mitleidigen Frauen, dem göttlichen Kreuzträger in Mitleid und übergroßer Dankbarkeit."[119]

Obwohl Frater Eustachius Kugler ein von Gott begnadeter Mann war, trug er seine Frömmigkeit und sein inneres geistliches Leben nicht zur Schau. Er sprach nie von dem, was Gott seiner Seele schenkte und „offenbarte sein Innenleben nur seinem Seelenführer und er tat dies auch im reifen Alter mit der Schlichtheit und der Unschuld eines Kindes. Aus diesem Grunde sind nicht viele der übernatürlichen Gaben offenbar

---

[116] Exerzitien 1904, Vorsatz 10. Das erwähnte Gebet stammt wohl aus der Feder von Frater Eustachius und war nicht der Gemeinschaft vorgeschrieben. Er betete es privat am Morgen und vor dem Zu-Bett-Gehen.

[117] Hiltl 28

[118] vgl. das Wort aus den Exerzitien von 1941: „Geist des Opfers, der Innerlichkeit und Nachahmung der Liebe des Heilands im Tabernakel, um ihm ähnlich zu werden."

[119] Hiltl 31. Das Kruzifix, welches Frater Eustachius verehrte, hängt jetzt in einer Seitenkapelle der Krankenhauskirche von Regensburg.

geworden, die Gott seinem treuen Diener schenken wollte. Und doch waren alle, die an seiner Seite lebten, davon überzeugt – und sie hatten Beweise dafür –, dass er die Gabe der mystischen Vereinigung und der Kenntnis des Herzens besaß; sie schrieben ihm Vorhersagen und Werke zu, die von ihnen für wunderbar angesehen wurden."[120]

Frater Eustachius lebte nicht nur selbst aus Liebe zu Gott und zum Wohl seiner Mitmenschen, sondern empfahl auch seinen Mitbrüdern in einem Visitationsbericht ein gottgefälliges Leben. Nach dem Motto: Worte bewegen, Beispiele ziehen an, lebte er den Brüdern vor, über was er sprach und schrieb.

„Seien wir stets darauf bedacht, unsere Gebete und Arbeiten in höherem Geiste und aus höheren Motiven, nämlich aus Liebe zu Gott, zu verrichten.

Kommen wir unseren geistlichen Übungen recht gewissenhaft und recht pünktlich nach. Vernachlässigen wir dieselben niemals ohne zwingenden Grund und erscheinen wir dabei immer rechtzeitig und pünktlich! Halten wir stets unsere Gelübde und die Kapitelsbeschlüsse sowie alle Anordnungen der heiligen Kirche und der höheren Oberen recht hoch sowie ganz besonders unsere heilige Regel und Konstitutionen. (...) Es ist wahr, wir erfahren es an uns selbst: das Alltägliche im Ordensleben, besonders in einer Anstalt, wird zur Gewohnheit und man lässt sich so gerne gehen, lebt etwas abgestumpft und mechanisch dahin und vergisst dabei, das Übernatürliche anzustreben.

O liebe Mitbrüder! Dieses soll nicht sein. Wir sollen und müssen täglich anfangen, besser und Gott wohlgefälliger zu werden und immer mehr in der Vollkommenheit zu wachsen. Da wir aber auch im Ordensstand armselige Menschen sind und bleiben, so dürfen wir uns nicht auf eigene Kraft verlassen, sondern müssen täglich hingehen zum lieben Heiland im Tabernakel, zur heiligen Kommunion und ihn um seine Gnade und seinen Beistand bitten. Ohne die Gnade Gottes sind wir nichts, rein gar nichts!

---

[120] Russotto 34

Danken wir dem lieben Heiland täglich für die Berufsgnade und bitten wir ihn täglich um die Gnade der Beharrlichkeit. Vergessen wir auch nicht, liebe Mitbrüder, das heiligste Herz Jesu, die liebe Gottesmutter, den heiligen Josef, unseren heiligen Vater Johannes von Gott und unseren heiligen Schutzengel recht zu verehren und sie um ihre Fürbitte anzurufen.

Zum Schlusse danke ich euch allen für die so liebevolle Aufnahme und bitte um euer Gebet. Auch ich verspreche, euer täglich in meinem schwachen Gebete zu gedenken, und so wollen wir hoffen, dass wir alle miteinander unser Ziel, den Besitz Gottes im Himmel, erreichen. Dies gebe Gott!"[121]

Die Weisheit des Herzens

Der Barmherzige Bruder Eustachius Kugler war nicht nur ein Mann mit einer tiefen Frömmigkeit, er lebte auch aus einer Weisheit, die in ihm gewachsen war. Diese Lebensweisheit war immer an seinem Glauben an Gott ausgerichtet und offenbarte sich in verschiedenen Aussprüchen, Notizen und Zeugnissen. Die Weisheit wird in der Heiligen Schrift, besonders im Alten Testament, gerühmt und ist ein Weg, um Gott zu erkennen.

In seinen Exerzitienvorsätzen schrieb Frater Eustachius einmal: „Lebe so, dass du stets bereit bist zu sterben."[122] Dieser Grundsatz macht deutlich, dass er in allem verantwortlich leben und das Dasein gut ausnützen wollte, um nach dem Tod unbelastet vor Gott hintreten zu können. Die Sterbestunde war Frater Eustachius, wie er einmal schrieb, die wichtigste Stunde, denn in ihr entscheidet sich das Leben.

Um gut sterben zu können, suchte der vorbildliche Bruder alles aus Liebe zu Gott und zu seiner Ehre zu tun.[123] Ihm wollte er treu bleiben und ihn durch sein Leben verherrlichen. Der Glaube an Gott war auch der zentrale Moment seiner Weisheit. Dazu schrieb Frater Eustachius: „Das ewige Licht des Glaubens muss immer in uns brennen, und unser Herz soll ein Tabernakel sein. – Alles

---

[121] Hiltl 47
[122] Exerzitien 1939, Vorsatz 4
[123] vgl. den Satz: „Sei getreu in den kleinen Dingen und tue alles aus Liebe und zur Ehre Gottes!" (Exerzitien 1939)

aus Liebe zu Jesus und Maria, zur Ehre Gottes. – Die größte Weisheit ist die Gottesliebe. – Meine ganze Aufgabe auf Erden ist meine Heiligung."[124] Ebenfalls bei Exerzitien schilderte er Gottesliebe, Gottvertrauen, Versöhnung und das *ora et labora* als Bausteine für ein glückliches, gottgefälliges Leben: „Ertraget und verzeihet einander! – Gebet und Arbeit. – Gott schenkt immer. – Ich will den Vater immer ganz kindlich bitten, wie ein Kind."[125] Das kindliche, alles von ihm erwartende Vertrauen auf Gott ließ ihn auch hoffen, dass Gott ihm den Frieden schenke: „Sei sanftmütig und demütig von Herzen, so wirst du Frieden finden für deine arme Seele (vgl. Mt 11,29)!"[126]

Die Weisheit seines Herzens zeigte sich im Umgang mit seinen Mitmenschen, besonders den kranken und behinderten, wie auch mit den Brüdern als Oberer in Briefen und Worten und im gelebten Beispiel. Bei den Untersuchungen in den Ordenshäusern durch die Gestapo half ihm das Hören auf sein Herz und seine Besonnenheit. Pater Russotto schreibt dazu: „Frater Eustachius vertraute sich hier nicht einem bestimmten Verhalten und eingelernten Antworten an, sondern der Hilfe und den Eingebungen Gottes, die ihm im entscheidenden Augenblick niemals fehlten."[127]

Als Ordensoberer, besonders als Provinzial musste er wichtige Entscheidungen treffen, bei denen er nie übereilig vorging. „Schon von Kindheit an hatte er sich daran gewöhnt, bevor er irgendeine Entscheidung traf, nachzudenken, zu beten und um Rat zu bitten."[128] Wenn er zwischen Alternativen entscheiden musste, half ihm der Grundsatz: „Man muss beide Seiten hören, um ein gerechtes Urteil fällen zu können."[129] So kam er durch weises Erwägen zu guten Entscheidungen.

Frater Eustachius stand immer auf der Seite seiner Mitbrüder, setzte sich für sie ein und sorgte für sie. Es konnte jedoch auch sein, dass Frater Eustachius einem von ihnen widersprechen musste,

---

124 Exerzitien 1944
125 Exerzitien 1940, Vorsatz 6
126 Exerzitien 1895, Vorsatz 7
127 Russotto 72
128 Russotto 73
129 Russotto 70

weil er erkannte, dass dieser in eine falsche Richtung ging. Im Umgang mit jungen Brüdern ließ er dagegen Großzügigkeit und Herzlichkeit walten. Wenn diese zum Beispiel bei Tisch zu laut wurden, sagte er zu ihnen: „Lacht, ja lacht nur und seid fröhlich! Solange ihr so fröhlich sein könnt, ist alles in bester Ordnung."[130]

Auch in seinem Streben nach Vollkommenheit und Heiligkeit ging Frater Eustachius Kugler weise vor und ließ sich nicht von unerbittlicher Strenge leiten, denn „es stimmt ganz genau, dass die Heiligkeit nicht zur Traurigkeit und zur Menschenfeindlichkeit, sondern zur Freude und Freundlichkeit passt."[131] Durch die Betrachtung seines Lebens wird deutlich, dass Frater Eustachius ein gütiger und ausgewogener Mensch war. Die Quellen dieser Haltung waren seine Gottverbundenheit und Weisheit, welche er sich ein Leben lang aneignete.

---

[130] Frater Andreas Weitnauer, Russotto 71
[131] Russotto 107

III. Tugenden von Frater Eustachius Kugler

Streben nach Vollkommenheit und Heiligkeit

- *„Ich will und muss heilig werden und zu diesem Zweck will ich all meine Handlungen aus Liebe zu Gott ausführen." (Exerzitien 1895, Vorsatz 2)*

- *„Entweder nach Vollkommenheit streben oder nach der Hölle: es gibt keine andere Wahl für einen Ordensmann." (Exerzitien 1898, Vorsatz 3)*

- *„Das Gebet, besonders die Betrachtung, ist das hervorragendste Mittel, um zur Vollkommenheit zu gelangen." (Exerzitien 1901)*

- *„Meine größte Aufgabe ist es, nach der Vollkommenheit zu streben, das heißt Jesus in der Liebe zu Gott ähnlicher zu werden. Heutzutage müssen wir ganze Ordensleute sein: keine Mittelmäßigkeit!" (Exerzitien 1941)*

- *„Alle sind verpflichtet, nach Vollkommenheit zu streben; darin gibt es keine Ausnahme. Wenn ich meine heilige Regel, die Konstitutionen und die anderen Pflichten erfülle, dann strebe ich nach der Vollkommenheit und brauche nichts anderes zu tun. Mann muss viel guten Willen haben und Gott sehr dankbar sein für den Ordensberuf." (Exerzitien 1944)*

Das Streben nach Vollkommenheit und die Heiligung waren zentrale Anliegen von Frater Eustachius Kugler. Er setzte alles daran, um durch die Übung der Tugenden in den Himmel zu kommen. Mit Vollkommenheit ist kein Perfektionismus im weltlichen Sinn zu verstehen, keine oberflächliche Sorge um ein gutes Image, sondern die Ausrichtung des ganzen Lebens an Gott. Weil Gott heilig ist, muss sich auch der Mensch heiligen. Jesus Christus selbst lud seine Jünger dazu ein: „Ihr sollt also vollkommen sein, wie es auch euer himmlischer Vater ist." (Mt

5,48)[132] Ebenfalls im Matthäus-Evangelium (19,21) spricht Jesus zu einem jungen Mann, der ihm nachfolgen will: „Wenn du vollkommen sein willst, geh, verkauf deinen Besitz und gib das Geld den Armen; so wirst du einen bleibenden Schatz im Himmel haben; dann komm und folge mir nach." Der Mann trat schließlich doch nicht in die Fußspuren Jesu, weil er an seinem Besitz hing. Im Epheserbrief 1,4 schreibt der Verfasser, dass die Christen von Gott erwählt wurden, damit sie „heilig und untadelig" vor Gott leben.

Die Kirche griff das Zeugnis des Neuen Testaments auf und ermunterte die Gläubigen zum Streben nach Vollkommenheit. In der Kirchenkonstitution *Lumen Gentium* des Zweiten Vatikanischern Konzils heißt es dazu: „Alle Christgläubigen sind (…) zum Streben nach Heiligkeit und ihrem Stand entsprechender Vollkommenheit eingeladen und verpflichtet."[133] Das Vollmaß der Heiligkeit kann uns jedoch erst Gott nach dem Tod schenken. Auf Erden bleiben wir anfällig für Schwächen und Sünden.

Auch der Hospitalorden empfiehlt seinen Mitgliedern die Heiligung des Lebens. Schon in den frühen Ordensjahren sollen die Brüder beginnen, „den Weg der vollkommenen Liebe" zu gehen.[134] Durch das ganze Ordensleben hindurch sollen sie durch die Feier der Liturgie und des Stundengebetes „den Tagesablauf, die Arbeit und die Mühen" heiligen, das heißt Gott weihen.[135]

Für Frater Eustachius Kugler bedeutete die Heiligung, stets in der Gegenwart Gottes zu leben. In den Exerzitien vor seiner Feierlichen Profess schrieb er: „Willst du heilig sterben, so musst du heilig gelebt haben. Versetze dich stets in Gottes Gegenwart!"[136] Er wollte ein Leben führen, mit dem er Gott gefallen konnte, da er Ihn liebte. Die Heiligung erstreckt sich

---

[132] vgl. dazu Lev 19,2: „Rede zur ganzen Gemeinde der Israeliten, und sag zu ihnen: Seid heilig, denn ich, der Herr, euer Gott, bin heilig."

[133] LG 42 im 5. Kapitel über die allgemeine Berufung zur Heiligkeit in der Kirche, Rahner/Vorgrimler 175.

[134] vgl. Konstitutionen 69 über das Scholastikat, die Ausbildungsstufe nach der Einfachen Profess

[135] Konstitutionen 32

[136] Exerzitien 1895, Vorsatz 5

nicht nur auf den geistlichen Bereich, sondern umfasst auch die Arbeit, das Leben in Gemeinschaft und sogar die Erholung. Besonders als Ordensmann war Frater Eustachius verpflichtet, nach Vollkommenheit zu streben. „Ich kann, muss und will heilig werden", schrieb er einmal, „deshalb will ich alles aus Liebe zu Gott tun." Vom Streben nach Vollkommenheit machte er sogar sein ewiges Heil abhängig: „Meine Hauptbeschäftigung muss die Heiligung sein. Ich muss mich heiligen, sonst bin ich auf ewig verloren." [137]

Die Suche nach Vollkommenheit in der Ordensberufung bestand für Frater Eustachius darin, „in allem dem lieben Heiland ähnlicher zu werden."[138] Sein großes Vorbild war Jesus Christus, dem er nachfolgte. Die Christen sind nämlich dazu aufgerufen, Christus ähnlich zu werden.[139] Durch sein ganzes Ordensleben hindurch gelang es Frater Eustachius, den Weg zur Heiligkeit zu gehen. Er folgte diesem Weg zwar als Provinzial in einer herausgehobenen Stellung, jedoch auf stille Weise, in Treue zu seiner Berufung als Barmherziger Bruder.

Wie die anderen Tugenden, so empfahl der Provinzial auch das Streben nach Vollkommenheit seinen Mitbrüdern. Dabei diente er selbst als bestes Vorbild. In Anbetracht der schwierigen Zeitverhältnisse schrieb er an seine Mitbrüder: „Wir wissen nicht, was die Zukunft bringen wird, aber eines wissen wir bestimmt, dass wir nach wie vor die Pflicht haben, unsere heiligen Gelübde zu halten und tagtäglich nach Vollkommenheit zu streben durch Meidung der Sünden und Fehler und durch Übung der Tugenden. Von dieser Pflicht kann uns nur der Tod entbinden. Seien wir also darauf bedacht, recht gute Barmherzige Brüder zu sein."[140] Ein Mittel dazu war, die jeweils aufgetragene Aufgabe gut zu erfüllen, besonders im Dienst an den kranken und behinderten Menschen. Frater Eustachius bat die Mitbrüder und Oberen, „sich gewissenhaft darum zu bemühen, in der Tugend und in

---

[137] Exerzitien 1924
[138] Glückwünsche zum Weihnachtsfest 1941 an die Mitbrüder, Russotto 78
[139] „Wir wissen, dass wir ihm ähnlich sein werden, wenn er offenbar wird; denn wir werden ihn sehen, wie er ist. Jeder, der dies von ihm erhofft, heiligt sich, so wie Er heilig ist." (1 Joh 3,2f.)
[140] Bericht zur Visitation von Neuburg - St. Wolfgang, 23. Juli 1942, Eßer 153

der Vollkommenheit zu wachsen." Sie sollten immer darauf bedacht sein, die „Arbeit mit einer höheren Gesinnung und aus höheren Motiven, nämlich aus Liebe zu Gott, zu verrichten."[141] Ein weiterer, wichtiger Rat des Ordensoberen war, das Gebet zu pflegen: „Das Gebet und die Arbeit führen uns in den Himmel, aber nicht der Müßiggang und das Geschwätz." Die Brüder sollten „täglich beginnen, besser zu werden, Gott mehr zu gefallen und immer mehr in der Vollkommenheit zu wachsen."[142]

Die Treue gehört ebenfalls zur Heiligung eines Ordenschristen. Für Frater Eustachius war besonders das Gelübde der Armut ein wichtiger Schritt, um vollkommen zu werden. Das Streben nach einem gottgefälligen Leben war laut Frater Eustachius Kugler eine lebenslange Verpflichtung, die nach seiner Meinung erst am Ende des Lebens aufhört. Deshalb schrieb er in einem Rundbrief angesichts der unsicheren Zeiten, in denen sich der Orden in Deutschland befand: „Wir können die Zukunft nicht vorhersehen und wissen nicht, was der gute Gott mit unserer Provinz vorhat. – Eins aber wissen wir sicher, nämlich, dass wir ebenso wie früher die Pflicht haben, unsere Gelübde zu beobachten und täglich nach Vollkommenheit zu streben (…). Nur der Tod wird uns von dieser Verpflichtung entbinden."[143] Bis zu seinem Tod hielt sich Frater Eustachius treu an die eingegangenen Verpflichtungen als Ordensmann. Um vollkommen zu werden, gebrauchte er das Mittel der Abtötung.

Die Abtötung als Mittel, um vollkommen zu werden

- *„Sei ein Mann des Gebetes und bewahre die innere Sammlung! Sorge dich nicht um irdische Dinge! Töte dich stets ab!" (Exerzitien 1895, Vorsatz 12)*

- *„Ich muss in allem dieselbe Stimmung bewahren. Das geschieht aber nicht ohne großes Opfer und ohne Übung.*

---

[141] Kanonische Visitation 1945, Russotto 67
[142] Kanonische Visitation 1945, Russotto 68
[143] Rundbrief vom Oktober 1942, Russotto 109

Wenn ich will, gelingt es mir. – Meine Sinne beherrschen und immer arbeiten." (Exerzitien 1904, Vorsatz 4)

- *„Ahme in allem den lieben Heiland im Häuschen zu Nazareth in seiner Einfachheit und Nüchternheit nach und töte dich stets ab!" (Exerzitien 1904, Vorsatz 11)*

- *„Nimm die Abtötung auf dich!"*
  (Exerzitien 1943, Vorsatz 10)

Der Begriff der Abtötung ist im heutigen Sprachgebrauch nur mehr schwer zu fassen und unserer Spiritualität fremd. Es geht nicht darum, das irdische Leben zu verachten, sondern frei zu werden von hinderlichen Bindungen an das Irdische, um ganz Gott zu gehören. Dennoch sollten wir heute auch das Schöne erkennen, was uns in der Welt geboten ist und nicht alles Irdische verachten, weil nämlich Gott der Schöpfer aller Dinge ist und den Menschen befähigt, Schönes und Gutes hervorzubringen. Statt Abtötung rückt die Freude am gottgeschenkten Dasein mehr in das Blickfeld unseres Denkens.

Für Frater Eustachius jedoch war die Abtötung noch ein gebräuchlicher Begriff und eine Übung. Wiederholt nahm er sich vor, „die Abtötung zu ertragen."[144] Die Buße ist ein anderes Wort für die Abtötung, ebenso die Entsagung.

Schon der heilige Johannes von Gott war ein Meister der Buße, indem es ihm gelang, das Böse zu besiegen und stattdessen das Gute zu tun. In einem Brief an die Herzogin von Sesa schreibt er: „Alle mögen unseren Herrn Jesus Christus bitten, er schenke mir Gnade und Kraft, die Welt zu bestehen, den Teufel und das Fleisch zu besiegen, seine heiligen Gebote zu halten und das für wahr zu halten, was die heilige Mutter Kirche für wahr hält; meine Sünden in echter Zerknirschung zu bereuen und die mir durch den Beichtvater auferlegte Buße zu tun, Jesus allein zu lieben und ihm zu dienen."[145] In diesem Brief nennt der Heilige drei Dinge, die es mit der Hilfe Gottes zu bestehen gilt: die Welt, den Teufel und das Fleisch. Der Apostel Paulus stellt

---

[144] Russotto 90
[145] Briefe, 2 HS 25

Fleisch und Geist – *sarx* und *logos* – als Gegensätze gegenüber. Während das Fleisch irdisch ist und Sünden hervorbringt, ist der Geist göttlichen Ursprungs und bewirkt das Gute.[146] Deswegen mahnt der heilige Johannes von Gott die Herzogin, das Fleisch zu besiegen, ebenso wie den Teufel als widergöttliche Macht und die Welt, welche beim Evangelisten Johannes und beim heiligen Paulus einerseits den Lebensraum des Menschen bezeichnet, aber auch den Gott gegenüber gleichgültigen oder feindlichen Raum.[147]

Die Buße oder Abtötung nahm Frater Eustachius um Christi willen auf sich, um das Böse zu entkräften. Er verzichtete dabei auch auf das, was er entbehren konnte, zum Beispiel auf den für seine „schwächliche und gebrechliche körperliche Konstitution" so notwendigen Schlaf und betete sogar in der Nacht. Er hielt aber auch Nachtwache bei den Kranken und schenkte ihnen damit die Zeit seines Schlafes.[148] Dies zeigt, dass Frater Eustachius nicht um des Verzichtes willen eine selbst gewählte Buße auf sich nahm, sondern wegen eines höheren Guts. „Eine andere Form seiner Buße war die Arbeit. – Er arbeitete immer und war stets beschäftigt im Geiste der Abtötung, der Läuterung und der Buße."[149] Die Arbeit ist ein gutes Mittel gegen die Sünde, besonders gegen die Langeweile. Frater Eustachius fand stets eine Beschäftigung, mit der er nützlich sein konnte. „In den letzten Kriegsjahren, als das Reisen mit dem Zug immer schlechter wurde, konnte er nur schwer die Häuser der Provinz besuchen und deshalb beschäftigte er sich im Garten, indem er leichtere Arbeiten verrichtete, wie es ihm eben sein schwacher Gesundheitszustand erlaubte."[150]

Eine Buße, die ihm auferlegt war und die er geduldig ertrug, waren Krankheiten und Behinderungen, an denen er zeitlebens litt. Zu nennen sind besonders sein Hinken, das ihm nach dem Sturz vom Baugerüst blieb, Schmerzen am Bein und an den Füßen,

---

[146] vgl. Gal 5,17 u. ö.

[147] vgl. Joh 16,33: Jesus Christus hat die gottfeindliche Welt zugunsten seiner Jünger besiegt.

[148] vgl. Russotto 92

[149] ebd.

[150] Frater Sola Meyer, Russotto 92

seine Magenkrankheit und das Magengeschwür. Er beschwerte sich nie über die Schmerzen und verlangte keine besonderen Behandlungen. Frater Eustachius „war stets mit allem zufrieden und für alles dankbar. In den letzten Lebensjahren musste er auf Befehl der Ärzte eine besondere Diät einhalten. Er fügte sich in vernünftiger Weise, wollte aber nicht, dass man für ihn eigens etwas zubereitete, sondern dass man von der Diätkost, die den Kranken im Hospital diente, auch ihm gebe."[151]

Eine weitere Form der Abtötung oder Askese nahm Frater Eustachius auf sich, indem er sich als Ordensmann von seinen Verwandten möglichst fern hielt, obwohl er sich interessierte, wie es ihnen ging. Der Ordensmann verwirklichte darin den Aufruf Jesu, sich von der engen Bindung an seine Angehörigen zu lösen, um ihm ganz nachfolgen zu können (vgl. Lk 14,26).

Die Armut, Demut und Buße sind im Leben von Frater Eustachius untrennbar miteinander verbunden. So verzichtete er als Provinzial, trotz der Würde seines Amtes, auf einen groß-artigen Empfang, wenn er ein Haus seiner Provinz besuchte. Er ging oft vom Bahnhof zu Fuß zum betreffenden Kloster, auch wenn dies manchmal aufgrund seiner Gehbehinderung mühsam war. „Stets traf er ohne Aufsehen mit großer Demut und Bescheidenheit ein und reiste ebenso wieder ab."[152]

Mit seiner gelebten Armut im Geist des Verzichtes war er seinen Mitbrüdern ein Beispiel. Er ermunterte auch sie zu Werken der Buße, „um so Sühne zu leisten für die Beleidigungen Gottes und seine Gerechtigkeit zu versöhnen."[153] Dieser Gedanke ist geprägt von der Vorstellung, der Gläubige müsse Sühne leisten für die Sünden der anderen. Letztlich ist es aber Jesus Christus, durch den die Sünden der Menschen vergeben werden. Der Mensch kann allerdings am Heilswerk Christi durch Buße und Verzicht mitwirken. Frater Eustachius Kugler nahm diese auf sich.

---

[151] Russotto 93
[152] Russotto 94
[153] Russotto 90

Abwendung von der Sünde

- *„Bedenke, wen du mit der Sünde beleidigst: Wie groß ist doch der Herr und Gott! - Denke nach über den Tod eines schlechten und lauen Ordensmannes, und steige in dein eigenes Grab! - Ich muss Gott Rechenschaft ablegen über jedes unnütze Wort." (Exerzitien 1902)*

- *„Wie furchtbar muss doch die Todsünde sein, wenn man ihre Folgen bedenkt, nämlich die ewige Verdammnis. Auf keinen Fall also irgendeine Todsünde!"*
  (Exerzitien 1903)

- *„Die Sünde ist das größte Übel. Um keinen Preis irgendeine Sünde!"*
  (Exerzitien 1937, Vorsatz 3)

- *„Von der heiligen Beichte. – Das Wichtigste ist die Reue, verbunden mit einem festen Vorsatz. – Die vollkommene Reue tilgt auch alle Sündenstrafen."*
  (Exerzitien 1937, Vorsatz 14)

- *„Die Reue ist das Notwendigste bei der Beichte. Bete viel für die Sterbenden!" (Exerzitien 1939, Vorsatz 5)*

- *„Die Sünde schändet oder zerstört das Bild Gottes in meiner Seele, daher um keinen Preis irgendeine freiwillige Sünde. –Heiland im Tabernakel, bewahre uns davor!" (Exerzitien 1941, Vorsatz 1)*

- *„Von der heiligen Beichte. - Ich muss mich freuen über die heilige Beichte. Ich beichte ja Christus selbst und dadurch werde ich ihm ähnlicher. – Verbinde den Beichtvorsatz mit der Betrachtung! – Sühne die eigenen Sünden und auch die Sünden der anderen!"*
  (Exerzitien 1941, Vorsatz 2)

Frater Eustachius Kugler sah in den Sünden die größte Gefährdung für den Fortschritt im geistlichen Leben. Denn die Sünde ist „eine Beleidigung Gottes", da sich der Sünder gegen die Liebe Gottes auflehnt und sich aus Egoismus von ihm abwendet.[154] Sie stört auch das Verhältnis zum Mitmenschen und zu sich selbst. Und doch wird die Sünde dem Menschen von Gott vergeben, wenn er sie bereut.

Frater Eustachius nahm sich vor, die Versuchungen zur Sünde zu meiden und spürte Trauer über begangene Sünden. In seinen geistlichen Aufzeichnungen kommt immer wieder zum Ausdruck, dass er seine Sünden bereute und keine weiteren begehen wollte. Er sah in der Beichte ein Geschenk des barmherzigen Gottes, welcher ihm die Vergebung der Sünden schenkt. Der Glaube an seine Barmherzigkeit flößte ihm tiefes Vertrauen ein und eine Freude über die Möglichkeit, das Bußsakrament zu empfangen.[155]

Gerade als Ordensmann hütete er sich zu sündigen, weil er damit auch ein schlechtes Beispiel für den gesamten Ordensstand geben würde. Dazu schrieb er bei Exerzitien: „Das Ärgernis eines Weltmenschen ist schrecklich, tausendmal schrecklicher ist das eines Ordensmannes. Für ihn gilt besonders Jesu Wort: Es wäre besser, wenn ihm ein Mühlstein um den Hals gehängt und er in die Tiefe des Meeres versenkt würde (Mt 18,6)."[156]

Auf keinen Fall wollte Frater Eustachius eine Sünde begehen. Lieber wollte er sterben, als sich gegen Gott aufzulehnen. Für ihn war die Sünde „das größte Unglück".[157] Somit wollte er den Tod als Sühne für seine Verfehlungen auf sich nehmen und sich ganz in den Willen Gottes fügen. Der Tod war für ihn kein solches Übel wie die Sünde, da der Tod für den Christen den Übergang zum ewigen Leben bedeutet, die Sünde jedoch auf ewig von Gott trennen kann.

Damit ist das Wesen der Todsünde angesprochen, vor der sich Frater Eustachius am meisten fürchtete. „Die Todsünde zerstört die Liebe im Herzen des Menschen durch einen schweren Verstoß gegen das Gesetz Gottes. In ihr wendet sich

---

[154] vgl. Katechismus, Nr. 1850
[155] „Wir müssen uns immer freuen, dass wir beichten können und dafür dem guten Gott von Herzen danken." (Exerzitien 1943, Vorsatz 7)
[156] Exerzitien 1895, Vorsatz 8, ebenso: „Denke nach über die Böswilligkeit der Sünde, besonders die eines Ordensmannes!" (Exerzitien 1895, Vorsatz 4)
[157] Exerzitien 1904, Vorsatz 9

der Mensch von Gott, seinem letzten Ziel und seiner Seligkeit, ab und zieht ihm ein minderes Gut vor."[158] Die Todsünde kann die ewige Trennung von Gott bewirken, wenn sie nicht bereut und vergeben wird. Auch für den heiligmäßigen Ordensmann Eustachius Kugler bestand die Gefahr, durch eine schwere Sünde Gott zu beleidigen, den er über alles in der Welt liebte. Für sich selbst notierte er: „Willst du noch stolz sein! Bedenke, was eine Todsünde ist! Du hast so viele begangen. Für den, der auch nur eine Todsünde begangen hat, ist alles recht und er darf sich über nichts beklagen, er soll vielmehr Tag für Tag Gott danken, dass er ihn nicht sofort wie die Engel in die Hölle gestürzt hat."[159] Wenn er sich bei der Beichte keiner schweren Sünde bewusst war, nahm sich Frater Eustachius vor, „sich über drei oder vier lässliche Sünden" anzuklagen und bis zur nächsten Beichte an sich zu arbeiten, um diese Sünden künftig zu meiden, besonders die Todsünde.[160] Ein Mittel, um nicht zu sündigen war für Frater Eustachius Kugler die tägliche vollkommene Reue, besonders aber vor der Beichte.

Der Beichtvater war ihm ein Mahner. Er nahm sich dessen Hinweise zu Herzen. Frater Eustachius erwies sich ihm gegenüber dankbar und nahm sich vor, auch von Zeit zu Zeit für ihn zu beten. Zwar vertraute Frater Eustachius bei der Beichte auf Gottes reiche und unendliche Barmherzigkeit. Dennoch erkannte er, dass „sie doch auch ihre Grenzen habe".[161] Denn der Christ kann von sich aus während seines irdischen Lebens nicht sicher sein, dass er gerettet wird, er kann nur auf Gottes barmherzige Liebe vertrauen.

---

[158] Katechismus Nr. 1855
[159] Exerzitien 1904, Vorsatz 5
[160] vgl. Exerzitien 1904, Vorsatz 7; Exerzitien 1944, Vorsatz 1 und das Wort: „Beweine deine Sünden zusammen mit dem heiligen Petrus und der heiligen Maria Magdalena!" (Exerzitien 1895, Vorsatz 6)
[161] Exerzitien 1938, Vorsatz 8

Geduld und Bereitschaft, sein Kreuz zu tragen

- *„Ich will mich gewissenhaft den Tugenden widmen und dem Herrn ähnlich werden, besonders in der Geduld."* (Exerzitien 1897, Vorsatz 6)

- *„Der Beichtvater hat gesagt, dass man eine unendlich große Liebe zum Heiland haben und ihm das tägliche Kreuz nachtragen muss, um eines Tages auch mit ihm gekrönt zu werden."* (Exerzitien 1938, Vorsatz 11)

- *„Der gute Gott lässt die Stürme und Versuchungen zu, um uns zu prüfen und zu läutern. – Nehmen wir stets unsere Zuflucht zum lieben Heiland im Tabernakel! – „Kommet zu mir alle, die ihr mühselig und beladen seid, und ich will euch erquicken"* (Mt 11,28). *– Man muss alles demütig ertragen und Jesus nachfolgen."* (Exerzitien 1944, Vorsatz 7)

Die Bereitschaft, sein Kreuz zu tragen, machte aus Frater Eustachius einen Menschen, der Jesus auch auf dem Kreuzweg nachfolgte. Jesus ging seinen Weg nach Golgotha bis zum Tod am Kreuz in der Bereitschaft, den Willen des Vaters zu tun, welcher die Menschheit erlösen wollte. Dabei trug Jesus sein Kreuz und ließ sich dabei durch Simon von Zyrene unterstützen (vgl. Mk 15,21). Seinen Jüngern, die ihm auf dem Lebensweg nachfolgten, ersparte er das Kreuz nicht, sondern sagte zu ihnen: „Wer mein Jünger sein will, der verleugne sich selbst, nehme sein Kreuz auf sich und folge mir nach." (Mk 8,34) Jünger Jesu sein schließt auch die Bereitschaft mit ein, sein eigenes Kreuz und die Last der anderen Menschen zu tragen. Dabei hilft Jesus Christus, wie er es in Mt 11,28 ausdrückt. Das Kreuz muss man nicht eigens suchen, nur das auferlegte Schicksal annehmen.

Für Frater Eustachius Kugler gehörten die Geduld im Leiden und die Bereitschaft, das Schwere zu ertragen, zu den wichtigen Übungen der Tugend. Er gab sich selbst den Leitsatz: „Nimm alles auf dich und ertrage es aus Liebe zu Gott!"[162] Auch hier ist die Gottesliebe die Triebfeder für sein Denken und Handeln. Frater Eustachius fühlte sich durch sein eigenes körperliches und seelisches Leiden existenziell mit Jesus Christus verbunden, der auf Erden leiden musste. „Aus Liebe zu Gott" ertrug der geduldige Barmherzige Bruder „Mühen und Schmerzen, Versuchungen und Beschwerden, Ängste, Entbehrungen, Krankheiten, Ungerechtigkeiten, Verleumdungen, Rügen, Erniedrigungen, Beschämungen und Schmähungen."[163] Er reagierte nicht mit Ungeduld, Wut und Aggression, sondern trug sein auferlegtes Kreuz geduldig. Er sah in den Leiden auch ein Mittel zur eigenen Läuterung und einen Weg zur Vollkommenheit, welche er anstrebte.[164]

Dass Frater Eustachius in seinem körperlichen und seelischen Leiden – man denke an das erwähnte Hinken oder die Verhöre durch die Gestapo – mit dem leidenden Jesus Christus innerlich verbunden war, zeigt die ehrfürchtige Verehrung eines Kreuzes.[165] Außerdem betete er am Sonntag den Kreuzweg, die Darstellung des Leidens und Sterbens Jesu, welches die Ordenskonstitutionen „die ergreifendste Offenbarung seiner Liebe zum Menschen" nennen.[166] Darin folgte Frater Eustachius Christus nach und erhielt dadurch die Kraft, im Alltag sein Kreuz zu tragen. Denn nach dem Evangelisten Lukas rät Jesus seinen Jüngern, sein Kreuz *täglich* auf sich zu nehmen (Lk 9,23), was mehr umfasst als ein punktuelles Ereignis wie eine Krankheit oder die Trauer über den Tod eines Angehörigen.

Auch wenn Frater Eustachius schwere Ängste und Leiden durchmachte, so klagte er doch fast nie darüber, sondern behielt es für sich und ertrug es mit einer unendlichen Geduld. So blieb er immer „gleich liebenswürdig und heiter, jederzeit geneigt zu einem unschuldigen Scherz" und legte eine tiefe Ruhe und Unaufgeregtheit an den Tag. „Wenn ihm wirklich etwas schwer

---

[162] Geistliche Aufzeichnung von Frater Eustachius, die allein gefunden wurde, Aufzeichnungen 32

[163] Russotto 81

[164] vgl. Russotto 83; „Das Kreuz gehört zur Vollkommenheit." (Exerzitien 1898, Vorsatz 9)

[165] vgl. Hiltl 31

[166] Konstitutionen 4

fiel, dann schloss er die Augen, sammelte sich ein wenig und dann handelte er in Gottes Namen."[167] Frater Eustachius zeichnete sich durch Geduld und Selbstbeherrschung aus, Gaben, die er aus seiner Verbundenheit mit Gott gewann. Die Selbstüberwindung war auch ein Ausdruck der Abtötung und Buße, welche er übte.

Als Frater Eustachius Kugler zum Provinzial in Bayern gewählt wurde, nahm man ihn in den Ordenshäusern reserviert auf, was sich allerdings bald änderte. Er ertrug diesen „Fall von mangelnder Ehrfurcht", wie auch andere „Vorwürfe, die Beleidigungen, die Anklagen, die Verleumdungen, vor allem in der schwierigen Zeit des langen Provinzialats."[168] Darin trug er sein Kreuz. Das Amt des Provinzials war Frater Eustachius mehr Last als Ehrenstellung und Ruhmestitel. Als solcher ertrug er, besonders in der Zeit des Zweiten Weltkriegs die „Einberufung, Gefangenschaft und Tod von Brüdern auf dem Schlachtfeld; die grauenvollen Bombenangriffe, die vollständige oder teilweise Zerstörung und die Beschlagnahmung seiner Hospitäler; die Schwierigkeiten, die Entbehrungen und die Not, von denen Brüder und Patienten heimgesucht wurden." Das alles bereitete ihm viel Sorge und Leid, weil er die Hauptverantwortung für die Bayerische Provinz trug. Er erduldete alles im Vertrauen auf Gott und im Geist des Opfers und der Stärke. In den Schreckensjahren des Nationalsozialismus war der treue Provinzial „die Stütze und die Sicherheit seiner Mitbrüder."[169] Ihnen zeigte er anhand seines eigenen Leben, wie man das Kreuz trägt, das einem auferlegt ist, aber auch durch seine Worte, mit denen er die Brüder ermunterte, den Herrn Jesus Christus und die Heiligen zu bitten, ihnen das „kleine Kreuz" tragen zu helfen und im Guten treu zu sein.[170] Sein Kreuz trug Frater Eustachius bis zu seinem Tod, nachdem er in den letzten Lebensjahren noch an einer schweren Magenkrankheit litt. Auch diese ertrug er mit Geduld und Demut. Darin folgte er Jesus nach und durfte ihm auch in die Ewigkeit folgen.

---

[167]   Russotto 85
[168]   Russotto 84
[169]   Russotto 86
[170]   vgl. Kanonische Visitation 1945, Russotto 95

Die Haltung der Demut

- *„Das beste Mittel, um wahrhaft demütig zu werden und die Demut zu bewahren, besteht darin, stets an die eigenen Sünden zu denken."*
  (Exerzitien 1895, Vorsatz 10)

- *„Als Grundlage übe gut die Demut und die Liebe zu den armen Kranken. Ich lege all meine Vorsätze in die Herzen Jesu und Mariä."* *(Russotto 42)*

Eine der auffälligsten Charaktereigenschaften von Frater Eustachius Kugler ist die Demut, welche er vorbildlich gelebt hat. Sie ist verwandt mit der Bescheidenheit und Unauffälligkeit, ist also etwas anderes als knechtische Unterwürfigkeit gegenüber Autoritäten oder falsche Bescheidenheit. Demut bedeutet vielmehr mutig zu dienen. Sie ist eine Vorstufe der Gottesfurcht.[171] Die Demut, das Gegenteil von Hochmut, zeigt dem Menschen seinen rechten Platz vor Gott. Demütige Menschen setzen sich für ihre Menschen ein, denen sie sich solidarisch verbunden wissen.[172] All das macht sie bei anderen sympathisch. Auch der Hospitalorden des heiligen Johannes von Gott empfiehlt die Tugend der Demut durch die Übung des persönlichen Gebetes, in welchem die Brüder ihren Sinn des Lebens prüfen und im Gemeinschaftsleben mit den Mitbrüdern wachsen.[173]

So war auch Frater Eustachius, trotz seiner hohen Stellung als Provinzial, immer demütig und kannte seinen Platz vor Gott. Ein Mitbruder nannte ihn sogar den bescheidensten und demütigsten Bruder der Provinz.[174] Ein anderer Bruder sagte über ihn: „Er lebte mitten unter uns, nicht wie ein König oder ein großer Held, sondern er führte das Leben der Armen, der Unbedeutenden, der Stillen, Frommen und Tugendhaften."[175]

---

[171] vgl. Phil 2,3: „In Demut schätze einer den andern höher ein als sich selbst."
[172] vgl. Wörterbuch des Christentums, Art. Demut, 233
[173] vgl. Konstitutionen 102
[174] vgl. Frater Sola Meyer, Russotto 96
[175] Frater Bernhard Schelle, ebd.

Viele seiner Mitmenschen erkannten die Demut und ungespielte Bescheidenheit von Frater Eustachius. Deren Zeugnisse zeigen uns einen vorbildlichen Ordensbruder, der nie im Rampenlicht stehen wollte, sondern seine Aufgabe still und treu erfüllte. Er machte nicht viel aus sich und verrichtete auch als Ordensoberer noch die einfachsten Dienste für die kranken und behinderten Menschen. Für Frater Eustachius war die Haltung der Demut so selbstverständlich, dass man sie als seine „spezielle Tugend"[176] bezeichnen könnte. Marzell Oberneder nannte ihn in seiner Erzählung den „Wanderer im Tal der Demut".

Ein bekanntes Beispiel seiner Demut und seiner Vorliebe, sich im Hintergrund zu halten, ist die Einweihung des Männerkrankenhauses in Regensburg im Jahr 1929. Frater Matthäus Heidenreich, selber Provinzial der Bayerischen Ordensprovinz, schreibt dazu: „Mit lobenden Worten haben die Redner alle jene hervorgehoben, die mit dem Bau etwas zu tun oder sonst wie am Zustandekommen mitgewirkt haben. Über Fr. Eustachius Kugler, dem eigentlichen Initiator des Werkes fällt kein Wort. Man hat ihn vergessen. Unauffällig und einfach steht er unter den Mitbrüdern und hört alles gelassen an, ohne irgendeine Bemerkung zu machen. Er ist nicht auf Ehren aus, er hält sich nur für ein Werkzeug Gottes, dem alle Ehre gebührt."[177] In dieselbe Zeit, nämlich 1930, fiel die 300-Jahr-Feier der Seligsprechung des Ordensgründers Johannes von Gott. Zu diesem Anlass verfasste der Ordenspriester Pater Gregor Schwab eine Beschreibung der Bayerischen Provinz. Darin kommen zwar alle damaligen Häuser, heiligmäßige Brüder und ehemalige Provinziale vor, nicht aber der aktuelle Provinzial. Als man Frater Eustachius Kugler darauf aufmerksam gemacht hatte, sagte dieser nur: „Er wird mich halt vergessen haben."[178] Vermutlich hat der Provinzial bei der Durchsicht des Buches sein Bild bewusst entfernt.

Die Haltung der Demut drückte sich auch in seiner bescheidenen, oft geflickten, aber dennoch sauberen Kleidung aus, in seinem

---

[176] Abeln 57
[177] Heidenreich, II, 6
[178] Russotto 108. Das erwähnte von Pater Gregor Schwab lautet: Die Bayerische Provinz der Barmherzigen Brüder, Neuburg 1930.

einfachen Schuhwerk und in seiner bescheidenen Haltung. Er ließ sich im Alltag auch nicht bedienen, sondern diente selber nach dem Wort und Beispiel Jesu.[179] Dadurch wurde er zum Diener aller. „Kein Dienst und keine Arbeit war daher zu bescheiden und zu erniedrigend für ihn. Es war für ihn die größte Selbstverständlichkeit, jede Aufgabe fröhlich in aller Unbefangenheit zu erfüllen."[180] So putzte er seine eigene Zelle im Konvent wie auch sein Büro und kümmerte sich um die Sauberkeit der Fenster. Frater Eustachius hielt auch die Nachtwache bei den Patienten und versorgte diese dabei mit allem Notwendigen. Während des Tages half er ebenfalls bei den Arbeiten im Krankenhaus mit, wenn er frei war: „Er wusch den Patienten Gesicht und Hände, gab ihnen das Essen ein, ordnete die Betten, wusch das Geschirr, leerte und reinigte die ‚Pfannen', die Urinflaschen und Nachtstühle ohne jedes Aufsehen und mit bezaubernder Selbstverständlichkeit." Als Pater Narzissus Durchschein, der ehemalige Ordensgeneral aus Bayern, Patient in Regensburg war, sorgte sich der Provinzial mit vielen kleinen Diensten um ihn, auch mit den sogenannten niedrigen Verrichtungen. Pater Narzissus war Frater Eustachius dafür äußerst dankbar.[181]

Als demütiger Mensch versuchte er, möglichst keine Ehrungen zu erhalten und wollte lieber ein einfacher Ordensbruder sein als höhere Posten anzustreben. Und dennoch wählten ihn die Mitbrüder zum Prior von verschiedenen Einrichtungen des Ordens und schließlich zum Provinzial. Aber selbst als Ordensoberer blieb Frater Eustachius lieber im Hintergrund und machte wegen seines Amtes kein Aufheben.[182]

Auch wenn Frater Eustachius auf Reisen war, trug er seine Stellung als Provinzial nicht vor sich her, sondern übernahm wie selbstverständlich den Platz eines gewöhnlichen Bruders. Dabei wurde ihm in auswärtigen Klöstern der Rang eines Laien-

---

[179] vgl. Mk 10,45: „Denn auch der Menschensohn ist nicht gekommen, um sich dienen zu lassen, sondern um zu dienen und sein Leben hinzugeben als Lösegeld für viele."

[180] Russotto 103

[181] Russotto 104

[182] vgl. Russotto 99

oder Sammelbruders mit einem einfachen Quartier und Essen zugewiesen. Nach der Übernachtung „dankte er höflich für die Gastfreundschaft und, glücklich darüber, dass man ihn nicht erkannt hatte, reiste er in aller Bescheidenheit ab. Wenn man jedoch merkte, dass er der Provinzial der Barmherzigen Brüder war, dann lächelte er und sagte zu seiner eigenen Rechtfertigung: ‚Aber ich bin doch auch ein Barmherziger Bruder.'"[183]

Frater Eustachius Kugler war kein geschwätziger oder oberflächlicher Mensch, sondern ruhig und dem inneren Leben zugewandt. Er suchte die Nähe Gottes im Gebet und vermied eine große Öffentlichkeit. Er war deswegen nicht menschenscheu, ließ jedoch andere vortreten. Lieber war Frater Eustachius bei den Kranken und beim Gebet.[184] Ein anderer Zug seiner Demut ist die Freundlichkeit gegenüber allen, die ihm begegneten. Frater Eustachius Geisenberger berichtet darüber: „Wenn man in seine Nähe kam (…) grüßte der Provinzial stets zuerst mit einem unnachahmlichen Lächeln"; und er fügte hinzu, dass „er jeden grüßte, ob er reich oder arm war, ob es sich um einen Bruder oder Angestellten handelte."[185] Durch seine Freundlichkeit gewann er die Herzen der Menschen, besonders jene seiner Mitbrüder, welche ihn mit Ehrerbietung, Liebe und Hochachtung behandelten, „die bei einigen zur Begeisterung wurde."[186]

Gerade die Demut von Frater Eustachius war es, die ihn so anziehend macht, auch für Menschen unserer Tage. Er ist durch seine Bescheidenheit und den Verzicht auf Prahlerei und künstliche Größe auch heute noch ein Vorbild. Er lehrt uns, liebevoll miteinander umzugehen und bereitwillig den anderen zu unterstützen. Frater Eustachius machte schließlich nichts aus sich selbst, sondern ließ Gott durch sich wirken.

---

[183]   Russotto 102
[184]   vgl. Heidenreich I, 4f.
[185]   Russotto 100
[186]   Russotto 107

Bereitschaft zum Opfer

- *„Niemals den Mut verlieren und nicht an der Barmherzigkeit Gottes verzweifeln! – Der Glaube ist das wichtigste im Ordensleben. – Wenn der gute Gott mein Leben bei einem Fliegerangriff fordert, so opfere ich es gerne für meine Sünden und die Sünden der Welt. – Wir leben im Hause Gottes.“ (Exerzitien 1943, Vorsatz 1)*

Verwandt mit der Tugend der Demut ist die Bereitschaft zum Opfer. Im religiösen Bereich bringt der Mensch Gott ein Opfer dar. Das ist eine äußere Handlung, die aus der inneren Gesinnung kommt. Im Christentum sind Liebe zu Gott und zum Nächsten Motive, um ein Opfer darzubringen. Das höchste Opfer brachte Jesus Christus mit der Zustimmung zum Willen Gottes und seiner freiwilligen Lebenshingabe für die Menschheit mit dem Tod am Kreuz. Dieses Opfer ist der Ausgangspunkt für die Lebenshingabe. Der Mensch kann Gott ein Opfer des Lobes und des Dankes darbringen.[187] Dass die Bereitschaft, sein Leben hinzugeben kein antiquierter Gedanke im Christentum und darüber hinaus ist, zeigen zahlreiche Menschen, die wir als Märtyrer verehren. Ein bekanntes Beispiel dafür ist der heilige Maximilan Kolbe, der am 14. August 1941 als Franziskaner-Minorit im Konzentrationslager Auschwitz sein Leben für einen Familienvater hingab. Auch in jüngster Zeit gab es Christen, die für andere Menschen oder die gerechte Sache ihr irdisches Leben aufs Spiel setzten. Es gibt jedoch auch einen anderen Weg der Lebenshingabe, etwa durch die Sorge für alte, kranke oder behinderte Angehörige oder das Dasein für arme Menschen.

Als Ordensleute und Diener der Menschen geben auch Barmherzige Brüder ihr Leben „als lebendige und heilige Opfergabe hin“[188], zusammen mit Jesus Christus, der sich für uns dahingegeben hat. Der Apostel Paulus ermunterte in seinem Brief an die Römer die frühen Christen: „Angesichts des Erbarmens Gottes ermahne ich euch, meine Brüder, euch selbst

---

[187]   vgl. Katechismus, Nr. 2099f.
[188]   Konstitutionen 7

als lebendiges und heiliges Opfer darzubringen, das Gott gefällt; das ist für euch der wahre und angemessene Gottesdienst." (Röm 12,1) Damit wurden die stellvertretenden Opfer, zum Beispiel Tieropfer, durch die freiwillige Lebenshingabe des Menschen abgelöst.

Der Ordenschrist bringt seine Ganzhingabe in den öffentlichen Gelübden zum Ausdruck und folgt darin Christus nach, der sich für uns hingegeben hat. Die Barmherzigen Brüder sollen sich laut den Konstitutionen nach der Ablegung der Gelübde und die Annahme durch die Kirche bemühen, „dem Anruf Gottes in Treue zu antworten und lebendige und kreative Glieder der Kirche und des Ordens zu sein."[189]

Auch Frater Eustachius Kugler weihte sein Leben durch die Gelübde der Armut, der ehelosen Keuschheit, des Gehorsams und der Hospitalität ganz Gott. Dadurch gab er sein Leben Gott, der Kirche, dem Hospitalorden sowie den Armen und Kranken hin. Er tat dies aus selbstloser, uneigennütziger Liebe und widmete sein Leben der Hospitalität, sei es direkt im Dienst an den Bedürftigen, oder als Oberer für die Brüder, Angestellten und Betreuten. Der Opfermut von Frater Eustachius wurde besonders in schweren Zeiten auf die Probe gestellt, als dem Provinzial einiges abverlangt wurde. In einem Rundbrief schrieb er an die Mitbrüder, indem er ihnen Mut zusprach: „Es ist jetzt eine schwere Zeit. Wer wollte dies bestreiten (...)? Lernen wir bei Ihm mit Geduld, die kleinen Beschwerden des Alltags zu ertragen, damit wir nach und nach auch fähig werden, auch im Großen um heroischen Starkmut zu beten, damit wir (...) bereit werden, wenn es Sein heiliger Wille wäre, für Ihn und unseren Beruf das Leben zu lassen."[190]

Ein ähnliches Zeugnis für den Starkmut und die bedingungslose Opferbereitschaft von Frater Eustachius Kugler findet sich in einem Visitationsbericht aus derselben Zeit: „Aber gerade diese schwere Zeit wollen wir benützen, um uns recht innig an den lieben Heiland im Tabernakel anzuschließen. Dort wollen wir (...) den lieben Heiland so recht bitten, dass er uns helfe

---

[189]   Konstitutionen 9
[190]   Eßer 40

zu tragen, was wir meinen, aus eigener Kraft nicht ertragen zu können. Lernen wir bei ihm, etwas Kleines zu leiden und mit Geduld zu ertragen, was uns schwer werden möchte. Bitten wir auch um großen Starkmut, damit wir fähig werden, wenn es Gottes heiliger Wille wäre, für Gott und unseren heiligen Beruf das Leben zu lassen. Eine größere Gnade könnten wir uns wohl nicht verdienen, durch das beharrliche Martyrium der neuen täglichen Pflichterfüllung, weil dann für uns der von Gott verheißene Lohn im Himmel begänne."[191] Aus eigener Kraft wäre der Provinzial nicht in der Lage gewesen, alles zu meistern, was ihm aufgebürdet wurde. Er setzte ganz auf die Hilfe Gottes, der ihm Starkmut verlieh.

Frater Eustachius sah auch im täglichen Kreuztragen eine unspektakuläre Form des Martyriums, des Zeugnisses für Christus. Und trotzdem war er auch bereit, für seine Berufung das Leben zu lassen, wie er es in einem Rundschreiben vom Dezember 1942 zum Ausdruck brachte: „Wir alle, meine lieben Mitbrüder, wissen, dass wir gegenwärtig eine schwierige Zeit für die Ordensleute mitmachen und das überall wirkliche Männer notwendig sind, das heißt solche, die stark sind in ihrem Beruf und bereit, wenn es notwendig ist, ihr Blut zu vergießen nicht nur für das Vaterland, sondern auch für unseren heiligen Glauben und für unseren heiligen Ordensberuf. – Wir wissen nicht, welche Opfer der Herr in Zukunft von uns verlangt, aber wir wollen bereit sein, in allem unsere Pflicht zu erfüllen und im Dienste Gottes beständig zu tun, was von unseren Kräften abhängt. – Wir müssen uns bemühen, ein sehr gutes und erbauliches Leben zu führen, um vom gütigen Gott die große Gnade zu erlangen, in unserem Beruf und in unserem heiligen Glauben bis an das Ende unserer Tage auszuhalten; Gnade, um die wir täglich beten müssen. – Wir wollen nicht auf jene blicken, die feige ihrem Beruf untreu werden, sondern auf alle jenen guten Brüder, die fest bleiben in allen Heimsuchungen, Widerwärtigkeiten und Leiden, wie es unsere spanischen Mitbrüder getan haben, die

---

[191] Visitationsbuch im Obdachlosenasyl München, 1932, Eßer 68f.

wir uns zum Vorbild nehmen müssen."[192] Frater Eustachius ermahnte damit seine Mitbrüder, dem Orden bis zum Tod treu zu bleiben und stellte ihnen die Märtyrer aus Spanien, die zwischen 1936-39 umgebracht wurden und inzwischen zum größten Teil selig gesprochen wurden, als großes Beispiel vor. Eine solche Bereitschaft, ihr Leben für Gott und den Nächsten hinzugeben, sollte jeder Bruder haben.

In dieser Bereitschaft setzte Frater Eustachius im Oktober 1943 einen heroischen Akt der Hingabe an Gott, in dem er diesem sein Leben anbot. Es war die Zeit der Luftangriffe auf Regensburg, welche auch das Krankenhaus bedrohten. Darum schrieb er als persönliche Antwort auf Joh 15,13: „Wenn der liebe Gott mein Leben fordert während eines Luftangriffes, so opfere ich es gern für meine Sünden und für die Sünden der Welt."[193]

Aber nicht nur im blutigen Martyrium erfüllt sich die Hingabe des eigenen Lebens, sondern auch in der Annahme seines Schicksals und in der täglichen Pflichterfüllung. Frater Eustachius hatte lange mit Krankheiten zu kämpfen, besonders gegen Ende seines Lebens. Er ertrug sie mit Opfermut und Geduld.[194] Diese Tugenden bewies er auch darin, dass er in den schlimmsten Ereignissen noch einen verborgenen Plan Gottes zu erkennen suchte. Dazu zählten die Schrecken des Krieges und die Schwierigkeiten in der Provinz. Bei der Visitation schrieb er den Brüdern: „Wir können niemals die weisen Pläne des Herrn begreifen. Aber wir müssen alles mit großer Selbstverständlichkeit aus den Händen Gottes annehmen und müssen es ertragen aus Liebe zu ihm, solange es ihm gefällt."[195]

---

[192] Russotto 86f. Das Buch „Zeugen der Barmherzigkeit" von Nikolaus Mutschlechner, München 2005, berichtet über das Martyrium der Barmherzigen Brüder aus Spanien.

[193] Heidenreich II, 13; vgl. Joh 15,13: „Es gibt keine größere Liebe, als wenn einer sein Leben für seine Freunde hingibt."

[194] Frater Eustachius schrieb wenige Jahre nach Antritt seines Provinzialats: „Sonst geht es in der Provinz seinen gewöhnlichen Gang, nur meine Gesundheit lässt zu wünschen übrig, habe nämlich ein Magengeschwür und sollte mich operieren lassen. Wenn Paternität es für gut befinden, würde ich gern zurücktreten, damit die Provinz nicht Schaden leidet; außerdem will ich ja auch gerne mitarbeiten, solange es geht." (Provinzial Frater Eustachius Kugler an Generalprokurator Pater Narzissus Durchschein, Rom, 1929, Eßer 62)

[195] Kanonische Visitation 1945, Russotto 51

Aus dem Glauben heraus, dass Gott der Herr der Geschichte ist, hatte er keine allzu großen Sorgen, was er auch seinen Brüdern empfahl. Er gab sich ganz in die Vorsehung Gottes hinein.

Selbstlose Liebe zum Nächsten

- *„Ich will Gott über alles lieben und den Nächsten wie mich selbst." (Exerzitien 1897, Vorsatz 7 II)*

- *„Ich muss Christus in jedem Menschen und in jedem Kranken sehen." (Exerzitien 1940, Vorsatz 5)*

- *„Ich will meinen Bruder (den Nächsten) lieben wie mich selbst, will seine Fehler verzeihen und ertragen und will ihn immer vor Augen haben als Kind und Ebenbild Gottes."*
  (Exerzitien 1895 vor der Einfachen Profess, Vorsatz 3)

Die selbstlose Liebe zum Nächsten war im Leben von Frater Eustachius Kugler eine Frucht der Liebe zu Gott. Wer nämlich Gott liebt, muss auch den Mitmenschen lieben, da er wie ich ein geliebtes und gewolltes Geschöpf Gottes ist (vgl. 1 Joh 4,11f.). Durch die Nächstenliebe bleibt Gott unter den Menschen lebendig.

Der heilige Johannes von Gott erkannte, dass Gottes- und Nächstenliebe nicht voneinander zu trennen sind. Er sorgte sich in Granada um die Armen und Kranken, weil er in ihnen Jesu Antlitz sah und Mitleid mit ihnen empfand. Durch das Erbarmen Gottes bekam er den Impuls, den notleidenden Menschen Gutes zu tun und ihnen Liebe zu erweisen. Es war eine tätige Liebe, welche der Erfahrung der göttlichen Liebe in Jesus Christus entsprang.[196]

---

[196] „Wenn wir recht bedenken würden, wie groß das Erbarmen Gottes ist, so würden wir nie unterlassen, das Gute zu tun. Wenn wir um seiner Liebe willen den Armen das weitergeben, was Er uns gibt, verspricht er uns das Hundertfache in den Seligpreisungen. O seliger Besitz und heiliger Wucher! Wer gäbe nicht alles, was er hat, diesem göttlichen Kaufmann, der mit uns einen so guten Handel macht und uns mit ausgebreiteten Armen bittet, uns zu bekehren und unsere Sünden zu beweinen; und zuerst unsren Seelen und dann denen unserer Mitmenschen Liebe zu erweisen." (Briefe, 1 HS 13)

In einem Brief an die Herzogin von Sesa spricht Johannes von Gott von der Nächstenliebe als einer göttlichen Tugend, welche er mit Buchstaben vergleicht. Neben Glaube und Hoffnung nennt der Heilige die Nächstenliebe als zweiten Buchstaben. Er schreibt: „Zunächst erweisen wir unserer eigenen Seele Liebe, indem wir sie in der Beichte und Buße immer wieder reinigen. Schließlich die Liebe zu unseren Brüdern und Schwestern, indem wir für sie all das wünschen, was wir gerne für uns selbst in Anspruch nähmen.“[197] Johannes von Gott liebte nicht nur die Armen und Kranken, sondern alle Menschen, denen er sich verbunden wusste.

Durch das Beispiel des Ordensvaters angeregt, praktizieren die Barmherzigen Brüder die Gottes- und Nächstenliebe. Die Konstitutionen bringen die Spiritualität des Ordens auf den Punkt, wenn es heißt, „die Liebe zu Gott und zum hilfsbedürftigen Nächsten in ungetrübter Einheit zu leben.“[198] Das bedeutet, durch die Liebe zum Nächsten den Anspruch der Liebe Gottes in der Welt deutlich zu machen.[199] Die Ordensgemeinschaft ist ausgerichtet auf Gott, was sich nicht nur in Liturgie und Gebet ausdrückt. Sie sucht Jesus Christus in den armen, kranken und behinderten Menschen zu erkennen, die zu Orten seiner Gegenwart werden, und dient ihnen.[200]

Wie der Ordensgründer Johannes von Gott lebte Frater Eustachius Kugler die Gottes- und Nächstenliebe in Einheit. Seine selbstlose Liebe, mit der er für die alten, kranken und behinderten Menschen da war und sorgte, war eine seiner wichtigsten Tugenden. Als Kind Gottes „erblickte er in jedem Mitmenschen einen Bruder“, auch wenn dieser ihm nicht wohl gesonnen war wie die Gestapo-Beamten, die ihn verhörten. Er betete für sie und vergab ihnen, was sie ihm Übles antaten.[201]

Im Geist des heiligen Ignatius von Loyola schrieb Frater Eustachius bei Exerzitien von der Liebe zum Nächsten: „Ich muss jedes Geschöpf lieben, nur insofern es mir nützlich ist zur

---

[197] Briefe, 3 HS 9
[198] Konstitutionen 103
[199] vgl. Konstitutionen 5
[200] vgl. Konstitutionen 28
[201] Abeln 47

Erreichung meines Zieles. Wenn jedoch einmal das Gegenteil der Fall wäre, muss ich darauf verzichten, koste es, was es wolle; deshalb muss ich immer die Abtötung üben."[202] Das hört sich wie ein Widerspruch zu dem bisher Gesagten an. Aber es geht in diesem Vorsatz nicht darum, bestimmte Mitmenschen von der Liebe auszuschließen, sondern darum das ewige Heil zu erreichen. Die Sorge für arme, kranke und benachteiligte Menschen war für Frater Eustachius wichtiger, als sich allzu sehr um seine Verwandten zu kümmern.

Frater Eustachius Kugler liebte selbstlos und folgte darin Jesus nach, der seinen Jüngern gebot: „Wer sein Leben retten will, wird es verlieren; wer aber sein Leben um meinetwillen und um des Evangeliums willen verliert, wird es retten." (Mk 8,35). Frater Eustachius handelte nicht egoistisch, sondern setzte sich voll und ganz für seine Mitbrüder wie auch für die Kranken und Behinderten ein. Selbstlosigkeit meint nicht, ganz im Dienst am Nächsten aufzugehen und dabei sich selbst zu vernachlässigen, sondern sich mit allen Fähigkeiten und menschlichen Eigenschaften, aber auch der eigenen Grenzen bewusst, dem Nächsten zu widmen und ihm zu dienen.

Pater Gabriele Russotto nennt Frater Eustachius´ Liebe zu Gott als entscheidenden Grund der Nächstenliebe: „Das wahre Motiv seiner Liebe zu den Menschen war nicht ein einfaches, wenn auch lobenswertes Gefühl von Menschlichkeit und Mitleid, sondern die Liebe zu Gott, die mächtig auf den Nächsten zurückstrahlt. Frater Eustachius liebte also den Nächsten aus Liebe zu Gott oder besser, er liebte Gott selbst im Nächsten."[203] Die Nächstenliebe übte er in „Güte, Liebenswürdigkeit und Höflichkeit" aus und bezog in sie nicht nur die in den Ordenshäusern betreuten Menschen, sondern auch seine Mitbrüder, Mitarbeiter, Reiche und Arme, bedeutende und schlichte Menschen ein.[204] Ihnen begegnete er in freundlicher und aufmerksamer Weise. Die Nächstenliebe war die Triebfeder für sein Wirken an den kranken, armen, behinderten und notleidenden Menschen, aber auch für die Sorge um seine Mitbrüder.

---

[202] Exerzitien 1904, Vorsatz 3
[203] Russotto 58
[204] Russotto 58f.

IV. Ein vorbildlicher Barmherziger Bruder

Die Berufung von Frater Eustachius in den Brüderorden

- *„Ich will täglich dem gütigen Gott danken für die Berufung zum Ordensstand und will gemäß meiner Berufung leben." (Exerzitien 1903)*

- *„Der Ordensstand ist die Sturmtruppe des lieben Heilands und der heiligen Kirche, die erhabenste Berufung, die es gibt. – Ich danke dir, guter Gott, für den Beruf, gib mir die Gnade, im Ordensstande zu verharren bis zum Tode!"*
(Exerzitien 1938, Vorsatz 4)

Die Berufung von Frater Eustachius Kugler zum Barmherzigen Bruder geschah unspektakulär und war ein Ja zu Gottes Plänen mit ihm, die er in seinem Leben verwirklichte.

Die Initiative, einen geistlichen Beruf zu ergreifen, geht von Gott aus, der einen einzelnen Menschen für den Dienst in der Kirche auswählt. In der Heiligen Schrift, im Alten wie im Neuen Testament, wurden verschiedene Personen von Gott gerufen – von Abraham bis zum Völkerapostel Paulus –, um dessen Heilsplan in der Welt zu verwirklichen. Dies setzte sich in der Geschichte der Kirche fort. Die Berufenen üben ihr Charisma als Getaufte in der Kirche aus und haben eine Aufgabe für die Welt erhalten.[205]

Der heilige Johannes von Gott erlebte seine Berufung durch eine Predigt des heiligen Johannes von Avila am 20. Januar 1539, die sein Herz traf. Seine Worte und die Liebe Gottes warfen sein bisheriges Leben durcheinander, so dass er für verrückt gehalten wurde. Nach einem Aufenthalt im Königlichen Hospital von Granada begann Johannes mit seiner Lebensaufgabe, den Armen und Kranken zu dienen. Dies war seine Berufung, nach der er lange vergeblich gesucht hatte, bis Gott sie ihm schenkte.[206]

---

[205] vgl. Wörterbuch des Christentums, Art. Berufung, 140f.
[206] vgl. die Biographie von Francisco de Castro

Die Berufung von Frater Eustachius geschah eher still und fügte sich in sein bisheriges Leben ein. Denn die Wirkung einer Berufung heißt nicht immer, sein Leben radikal ändern zu müssen, weil es bisher in die falsche Richtung ging. Bei Frater Eustachius war bereits ein gutes Glaubensfundament gelegt, er musste nur weiterbauen.

Schon von Kindheit an war Frater Eustachius wie selbstverständlich in den gelebten christlichen Glauben seiner Oberpfälzer Heimat integriert. Er lernte von seinen Eltern die Liebe zu Gott und zur Kirche. Er pflegte den Besuch der heiligen Messe, einfache Gebete und den Rosenkranz, wie besonders aus seiner Münchener und Reichenbacher Zeit ersichtlich ist. Zu dieser religiösen Beheimatung kam der Ruf Gottes in die Lebensform eines Ordensbruders mit dem Charisma der Hospitalität hinzu.

Eine direkte Berufung zum Leben als Barmherziger Bruder dürfte in Reichenbach erfolgt sein, wo er als Schlossergeselle am Bau der Behinderteneinrichtung mitgearbeitet hat. Kugler erhielt Kontakt mit den Brüdern, deren Arbeit und Leben er bewunderte. Pater Russotto schreibt dazu: „Die häufigen Gespräche mit den Ordensleuten (in Reichenbach, Anm.), das Beispiel ihres Lebens, das ganz dem Dienste Gottes und den Werken der christlichen Nächstenliebe gehörte, ließen den jungen Mann nicht zur Ruhe kommen. Er sah, wie viel Gutes an Leib und Seele die Brüder für die Kranken taten, die oft zu den Ärmsten der menschlichen Gesellschaft gehörten. So reifte in ihm allmählich die Erkenntnis, dass dies auch sein Beruf sei. Deshalb gelobte er den Eintritt in den Orden, falls ihn Gott von seinem Fußleiden heile."[207] Dem Subprior, Frater Eligius Neumeier gelang es, die Wunde weitgehend zu heilen, so dass aus Josef Kugler ein Barmherziger Bruder werden konnte.

Seine Berufung erfüllte Frater Eustachius Kugler in einem Leben des Gebets und der Nächstenliebe, besonders im Dienst an notleidenden Menschen und im Amt des Provinzials. Der ersten Berufung folgten in seinem Leben also noch weitere Rufe

---

[207] Russotto 19

zu bestimmten Aufgaben.[208] Frater Eustachius war Gott dankbar für seine Berufung zum Barmherzigen Bruder. Es war für ihn die Erfüllung seines Lebens. Zum Goldenen Professjubiläum schrieb er in seinem Dankgebet an Gott: „Dank dir für den Ordensberuf, für alle Gnaden und für alle Wohltaten während meines ganzen Lebens, besonders aber für jene, die ich im Ordensstande empfangen habe."[209] Frater Eustachius war ein vorbildlicher Ordensmann, der seine Berufung lebte und liebte.

Das Gelübde der Armut

- *„Man muss immer und überall die Armut Christi nachahmen. – Die Armut ist die Grundlage des Ordensstandes. Wird sie vielleicht von uns zu wenig geübt?" (Exerzitien 1924)*

- *„Von der heiligen Armut. – Halte du selbst die heilige Armut hoch in Ehren und fordere sie auch von den anderen!" (Exerzitien 1937, Vorsatz 14 II)*

- *„Die Armut Jesu im Stall von Bethlehem, die Flucht nach Ägypten, Nazareth; ertrage alles aus Liebe zu ihm!" (Exerzitien 1938, Vorsatz 14)*

- *„Jesus ist arm geworden, damit wir reich würden. Er ist arm auch im Tabernakel." (Exerzitien 1942, Vorsatz 5)*

Als Ordensleute legen die Barmherzigen Brüder in der Profess die Gelübde ab und weihen sich damit Gott. Im Hospitalorden geloben die Brüder vier Gelübde. Neben den klassischen Versprechen der Armut, der ehelosen Keuschheit um des Himmelreiches willen und des Gehorsams ist das Gelübde der Hospitalität spezifisch für unseren Orden. Die Gelübde sind neben der Beobachtung der Regel des heiligen Augustinus und der Konstitutionen ein wichtiger Teil des Strebens „nach der

---

[208] Dazu zählt auch der Bau der beiden Krankenhäuser in Regensburg.
[209] Aufzeichnungen 32

vollkommenen Liebe zu Gott und zum Nächsten".[210] Das große Vorbild für die Ordensleute ist Jesus Christus selbst, denn dieser lebte arm, ehelos und gehorsam gegenüber dem Vater und heilte die Kranken. In der Kirche stellen die Barmherzigen Brüder als Erfüllung der Taufgnade das Leben Jesu dar und geben ihr Leben als Opfergabe hin. Durch die Ausübung der Hospitalität erfüllen sie die Sendung in der Welt.[211]

Die evangelische Armut, welche die Brüder in der Profess geloben, hat ihr Vorbild im Leben Jesu, der sich für uns Menschen ganz arm gemacht hat, indem er seine Gottheit durch die Menschwerdung verbarg (vgl. Phil 2,6-11). Jesu Armut auf Erden wird in dem Wort an einen Schriftgelehrten deutlich: „Die Füchse haben ihre Höhlen und die Vögel ihre Nester; der Menschensohn aber hat keinen Ort, wo er sein Haupt hinlegen kann." (Mt 8,20). Ganz arm wurde er am Kreuz. Die Armut Jesu ist auch Ausdruck der Solidarität Gottes mit den Menschen.
Die Barmherzigen Brüder folgen dem armen Jesus nach, indem sie ihr ganzes Vertrauen auf Gott setzen. Sie „verweisen auf die Vergänglichkeit der irdischen Güter und verkünden die endgültigen" und lösen sich von den falschen Bindungen, das heißt Abhängigkeiten von irdischen Gütern. Die Brüder sollen den Armen das Evangelium verkünden (vgl. Lk 7,22) und sich mit ihnen solidarisieren, sich aber auch für die Schwachen engagieren, das heißt Anwälte der Armen sein.[212]
Frater Eustachius Kugler lebte die evangelische Armut in bewundernswerter Weise vor. Sie zeigte sich besonders in seiner anspruchslosen und sparsamen Lebensweise. Er lebte sie demütig mit einer großen Bescheidenheit. Denn selbst Armut kann Anlass zur Sünde werden, wenn man sich ihrer vor anderen rühmt. Doch Frater Eustachius war selbst als Ordensoberer „das Bild der Armut" und nach Aussagen von Mitbrüdern „der ärmste Bruder der Provinz" in der Nachahmung Jesu Christi.[213]

---

[210] Konstitutionen 5
[211] vgl. Konstitutionen 7
[212] Konstitutionen 12; Armutsgelübde s. Nr. 12-15
[213] Russotto 110

Die einfache Lebensform von Frater Eustachius drückte sich besonders – für andere sichtbar – in seiner Kleidung aus. Mitbrüder beschrieben diese auf folgende Weise:

„Leibwäsche: „fast ganz geflickt."
Habit und Skapulier: „sichtbar abgenutzt", sie hatten „schon einen schillernden Farbton angenommen."
Mantel: „alt", „abgenützt."
Schuhe: „sehr einfach", „immer abgenützt", „meistens, auch auf Reisen, an mehreren Stellen ausgebessert".
Hut: „abgenutzt und ohne Farbe", „von einfachster Form".
Regenschirm und Reisekoffer: „alt", „vollkommen unmodern".[214]

Es war also eine Garderobe, die für einen höheren Ordensoberen, der ja auch nach außen hin repräsentieren musste, nicht zu passen schien. Und dennoch gehört es in das Bild des bescheidenen Barmherzigen Bruders, der mehr Wert auf das Innere legte als auf ein aufgeputztes Äußeres. Trotzdem vernachlässigte Frater Eustachius seine Kleidung nicht, sondern pflegte sie. Er lebte sehr anspruchslos, auch was das Essen anbelangt. Als Provinzial verzichtete er bei Besuchen auf einen großartigen Empfang in den Konventen und darauf, dass man ihm wegen seines Amtes etwas Außergewöhnliches zu essen und trinken gab oder ein besonderes Zimmer herrichtete. Frater Eustachius wollte wie jeder andere Bruder behandelt werden und hatte keine Sonderwünsche. Dies zeigte sich gleichermaßen bei Besuchen außerhalb des Ordens wie innerhalb desselben.
Nicht nur seine Kleidung war ärmlich, auch seine Zelle stattete Frater Eustachius sehr sparsam aus. „Einige seiner Mitbrüder erklärten sogar, dass sie elend und armselig war."[215] Er kümmerte sich auch selbst um die Sauberkeit seines Zimmers. Frater Eustachius vermied alles, was nur irgendwie nach Luxus oder Bequemlichkeit aussah, sogar als Provinzial. Für ihn war dies „die elementarste Pflicht des guten Ordensmannes, wenngleich

---

[214] Aussagen von Mitbrüdern, Russotto 112
[215] Russotto 110

er einen Unterschied machte zwischen dem zurückgezogenen Leben im Konvent und dem Berufsleben im Krankenhaus."[216] Frater Eustachius Kugler empfahl das Leben der evangelischen Armut auch seinen Mitbrüdern. Er ermahnte sie zu Einfachheit im Essen und Trinken. Sie sollten mit dem zufrieden sein, was ihnen die Gemeinschaft bot, da ihnen „ein einfaches und kräftiges Essen genügen müsse". Sie sollten keine nutzlosen und überflüssigen Ausgaben machen, da sie ja „einfache Verwalter der Güter der Kirche und der Armen" seien. Sie sollten „nach Möglichkeit vermeiden, in Schnellzügen oder in Abteilen zweiter Klasse zu reisen, da sie ja auch gut mit Personenzügen und in dritter Klasse ans Ziel kämen".[217]

Diese Beispiele zeigen, dass Frater Eustachius Kugler das Gelübde der Armut in heroischer, kaum nachzuahmender Weise vorgelebt hat. Die Armut war orientiert am Vorbild Jesu und sorgte sich mehr um Gott und sein Reich als um materielle Güter, Ehren und Ämter. Ob wir heute, angesichts größerer materieller Möglichkeiten oder Erfordernisse – man denke nur an die Hygienevorschriften im Krankenhaus –, noch so arm leben können wie Frater Eustachius? Es ist jedoch ein Zeichen für das Evangelium, einfach und ohne große Ansprüche zu leben und hin und wieder auf Überflüssiges zu verzichten, dabei aber fröhlich zu bleiben.

Die ehelose Keuschheit um des Himmelreiches willen

- *„Beherrsche deine Augen, denn durch sie tritt der unreine Geist in deine Seele ein." (Exerzitien 1901)*

- *„Bete oft zur lieben Gottesmutter, vor allem in den Versuchungen gegen die Keuschheit!"*
  (Exerzitien 1924)

- *„Bewahre die Reinheit! Das ist möglich mit der Gnade Gottes."*
  (Exerzitien 1939, Vorsatz 8)

---

[216]   ebd.
[217]   Russotto 111f.

- *„Keuschheit. – Liebe den Heiland vor allem und Maria, seine heilige Mutter und auch meine Mutter!"*
(Exerzitien 1941, Vorsatz 5)

- *„Keuschheit. – Sei überall recht zurückhaltend!"*
(Exerzitien 1943, Vorsatz 6)

Das zweite Gelübde des Ordenschristen ist die ehelose Keuschheit um des Himmelreiches willen. Die Konstitutionen des Hospitalordens sehen in ihr einen Ausdruck der Ganzhingabe an Gott, da der Barmherzige Bruder seine „ganze Person mit ihrer Liebesfähigkeit" Gott weiht, um durch das Leben in Enthaltsamkeit Gott zu lieben und mit ihm auch alle Menschen. Der Bruder soll sich im Apostolat der Liebe für das Leben einsetzen und es fördern. Die Keuschheit bedeutet keine Leibfeindlichkeit, wie es leider oft verstanden wurde, sondern betont im Gegenteil „die Würde und den Wert des Leibes".[218] Der Bruder ist zur Freundschaft mit Christus gerufen und zur Gemeinschaft mit den Brüdern. Diese beiden Eckpfeiler tragen zu einem reifen und gelingenden Ordensleben bei.

Wie das Gelübde der Armut, lebte Frater Eustachius Kugler die ehelose Keuschheit in der Nachfolge Jesu vorbildlich. Sie schien ihm kaum Schwierigkeiten bereitet zu haben, sondern war für ihn etwas Natürliches. Russotto schreibt dazu: „Als Kind, als Knabe, als Jüngling inmitten der Welt, als Neuprofesse, als reifer und alter Mann im Orden hatte er stets denselben reinen Blick, der aus einem reinen Herzen kommt, das würdig ist, Gott zu schauen." Sein reiner Blick und sein reines Wesen „strahlten die Reinheit eines Kindes aus, so dass niemand in seiner Nähe jemals etwas Ungeziemendes zu sagen oder zu tun wagte."[219]

Er blieb dem Gelübde der ehelosen Keuschheit Zeit seines Lebens treu und konnte eventuelle Versuchungen mit der Hilfe Gottes überwinden. Der Grund für seine Treue in der Keuschheit war sicherlich seine große Liebe zu Gott, insbesondere zur Person Jesu Christi. Er liebte aber auch die Gottesmutter Maria

---

[218] Konstitutionen 10

[219] Russotto 117; vgl. Mt 5,8: „Selig, die ein reines Herz haben; denn sie werden Gott schauen."

und verehrte sie. Ansonsten pflegte Frater Eustachius keine engere Zuneigung zu einem Menschen. Als Mittel, um Gott und Maria zu lieben, dienten ihm „Wachsamkeit, Gebet, Verehrung der Heiligen Eucharistie und der Unbefleckten Gottesmutter, Abtötung und Vermeidung des Müßiggangs."[220]

Die ehelose Keuschheit war für ihn etwas so Selbstverständliches als Ordensmann, dass er nicht verstehen konnte, dass einer seiner Mitbrüder dagegen sündigen konnte. Er sagte in diesen Fällen voller Traurigkeit und Ernst: „Nein, nein, das ist nicht möglich, Ordensmann und Mängel in dieser Tugend können nicht zusammen sein."[221] In der Beherrschung seiner Sexualität war Frater Eustachius Kugler ein Meister, weil er Gott über alles liebte und Herr über sich selbst war. Auch die Liebe zur Gottesmutter Maria darf nicht übersehen werden. So wurde Frater Eustachius zu einem vollendeten Ordensbruder.

Für die Männer und Frauen, die sich heute der ehelosen Keuschheit oder dem Zölibat verpflichten, kann Frater Eustachius ein Vorbild sein. Und doch stehen wir heute neuen Herausforderungen gegenüber. Eine große Liebe zu Gott und ein respektvoller und unverkrampfter Umgang mit den Mitmenschen führen zu einem gelingenden Leben in der Nachfolge Christi.

Das Gelübde des Gehorsams und die Treue zur Ordensregel

- *„Man muss dem Oberen gehorchen, um damit den Willen Gottes zu tun." (Exerzitien 1902)*

- *„Beobachte deine Regel und du wirst ein Heiliger!" (Exerzitien 1924)*

- *„Der Gehorsam Jesu im Haus zu Nazareth; er, der Sohn Gottes, war untertan und verrichtete die niedrigsten Arbeiten." (Exerzitien 1938, Vorsatz 15)*

- *„Werde dem lieben Heiland ähnlicher im Gehorsam! Er war gehorsam bis zum Tode am Kreuze." (Exerzitien 1941, Vorsatz 6)*

---

[220] Russotto 118
[221] Russotto 119

- *„Tue alles im Geiste des Gehorsams, aus Liebe zu Gott, in der rechten Absicht!"* *(Exerzitien 1943, Vorsatz 9)*

Der Gehorsam ist das dritte Gelübde, das die Barmherzigen Brüder bei ihrer Profess feierlich ablegen. Dieses Gelübde ist nicht als blinder, unvertretbarer Gehorsam zu verstehen, sondern gründet in der Freiheit der Kinder Gottes und im Vorbild Jesu, der seinem Vater bis zum Tod am Kreuz aus Liebe gehorsam war.[222] Der Ordensmann stellt seinen freien Willen in der Profess Gott zur Verfügung und hört auf „sein Wort, das Lehramt der Kirche, die Regel, die Konstitutionen, das Eigenrecht des Ordens, die Weisungen der Oberen, den Gedankenaustausch mit den Mitbrüdern und die Deutung der Zeichen der Zeit". Der Wille Gottes tut sich also auf verschiedene Weise kund und versteht sich als Einladung Gottes, das Gute in der Welt umzusetzen.

Die Konstitutionen lehnen entschieden „eine sklavische Unterwürfigkeit, ein falsches Autoritätsdenken, den Egoismus, den Mangel an Gemeinschaftsgeist und alle Situationen, in denen die Würde des Menschen beschnitten wird", ab, und laden die Brüder ein, den Mitmenschen in Freiheit zu dienen.[223]

Die Barmherzigen Brüder stellen sich mit dem Gehorsam dem apostolischen Dienst an den kranken und notleidenden Menschen und der Brüdergemeinschaft zur Verfügung. In der *Freiheit der Kinder Gottes* sind die Ordensbrüder den Oberen in Kirche und Orden, vom Papst über die Bischöfe, den Provinzoberen bis hin zum Hausoberen verpflichtet, welche für die Einheit der Gemeinschaften sorgen. Der Gehorsam verlangt von beiden Seiten, von den Oberen wie den Mitbrüdern, ein verantwortungsbewusstes Handeln.[224]

Frater Eustachius Kugler kannte beide Seiten des Gehorsams aus eigener Erfahrung. Er war sowohl als einfacher Ordensbruder seinen Oberen zu Gehorsam verpflichtet, hatte aber auch lange Jahre als Prior die Verantwortung über verschiedene

---

[222] vgl. Phil 2,8: Christus „erniedrigte sich und war gehorsam bis zum Tod, bis zum Tod am Kreuz."
[223] Konstitutionen 16
[224] vgl. Konstitutionen 16-19

Brüderkonvente und schließlich als Provinzial für die Bayerische Provinz. In beiden Fällen gelang es Frater Eustachius, den Gehorsam sinnvoll zu leben. Für ihn galt das Wort aus der *Nachfolge Christi*: „Keiner kann vorstehen, wenn er nicht gerne untertan ist. Keiner kann sicher befehlen, wenn er nicht gut zu gehorchen gelernt hat."[225]

Den Gehorsam gegenüber den Ordensoberen sah Frater Eustachius Kugler als Befolgen des Willens Gottes, was wir heute nicht mehr ohne weiteres übernehmen können. Die Liebe zu den Anweisungen der Oberen entsprach seiner Liebe zu Gott. Frater Eustachius widersprach deswegen nicht seinen Mitbrüdern im Leitungsdienst, sondern hörte auf sie. Russotto schreibt: „Auch wenn die Dinge nicht immer vollkommen in Übereinklang standen mit der eigenen Meinung, so gehorchte er doch ohne Widerspruch und mit einer spontanen Natürlichkeit."[226] Bei den Exerzitien 1924 schrieb Frater Eustachius nieder: „Ich will nie meine Oberen kritisieren." Als Oberer handelte er so, dass die Brüder ebenfalls verantwortungsvoll gehorchen konnten. Er gab auch das beste Beispiel für sie ab. Als Provinzial nahm er sein Amt im „Geist der Ergebung in Gottes Willen" an – er strebte es nicht aktiv an – und füllte es bis zum Ende seines Lebens aus, nachdem er vergeblich um die Entbindung von dieser schweren Bürde gebeten hatte. Darin war er selber auf höchste Weise dem Willen Gottes gehorsam. Der vorbildliche Ordensbruder führte die Bayerische Provinz klug und glaubensstark durch eine schwierige Zeit und nahm dabei manches persönliche Opfer in Kauf.

Die Regel des heiligen Augustinus und die Konstitutionen des Hospitalordens setzte er mit Gewissenhaftigkeit und Sorgfalt in die Tat um. Für Frater Eustachius war die Regeltreue der Weg, um heilig zu werden: „Beobachte mit großer Genauigkeit die heilige Regel, die eine weitere Auslegung der Gelübde ist, und du wirst vollkommen."[227] Auch seine Mitbrüder erkannten, dass er die Ordensregeln vorbildlich mit Leben füllte. Pater Gallus

---

[225] Nachfolge Christi, I. Buch,20
[226] Russotto 114
[227] Exerzitien 1898, Vorsatz 6

Lethmeier OH, Hausgeistlicher in Regensburg, schrieb in einem Brief: „Ich möchte nur noch das Wort des Heiligen Vaters Papst Pius X. hochseligen Andenkens hinzufügen: Bringt mir einen Ordensmann, der seine heilige Regel stets gewissenhaft beobachtet hat, und ich werde ihn auf der Stelle heiligsprechen. – Diese Treue zur Regel war auch ihm eigen. – Ich möchte diese Regeltreue wie ein Vergissmeinnicht auf sein Grab legen."[228] Frater Bernhard Schelle, ebenfalls ein Weggefährte von Frater Eustachius Kugler, nannte diesen sogar die „lebendige Regel, das personifizierte gute Beispiel".[229] So hielt sich Frater Eustachius nicht nur selbst an die eingegangenen Regeln und Verpflichtungen, sondern war seinen Mitbrüdern ein Vorbild, wie sie gehorchen sollten.

Das Gelübde der Hospitalität – der Dienst an armen und kranken Menschen

- *„Ich will aufs Genaueste die vier Gelübde des Gehorsams, der Keuschheit, Armut und Hospitalität halten." (Exerzitien 1897, Vorsatz 7)*

- *„Ich will recht oft rufen: „Mein Jesus, erbarme dich meiner und meiner Kranken!" und will den Kranken dienen wie der Person Jesu Christi." (Exerzitien 1900)*

- *„Wir müssen einander stützen und helfen, müssen unsere armen Kranken wie die Person Jesu Christi vor Augen haben und ihnen in Liebe dienen, ja wir müssen für sie Vater und Mutter sein." (Generalbeichte 1902)*

- *„Diene stets den armen Kranken wie der Person Jesu Christi!" (Exerzitien 1903)*

- *„Ich will dem lieben Heiland in den armen Kranken dienen. – Dank dir ewig, mein Gott, für den schönen Beruf." (Exerzitien 1941, Vorsatz 7)*

---

[228] Brief vom 18. Februar 1947 an Pater Prior Clarus Bierler, Regensburg, Russotto 78f. Pater Gallus hielt die Trauerfeierlichkeiten für Frater Eustachius Kugler.

[229] Russotto 35

- *„Hospitalität. - „Was ihr dem geringsten meiner Brüder getan habt, das habt ihr mir getan" (Mt 25,40). – Tue alles aus Liebe zu Jesus!" (Exerzitien 1944, Vorsatz 5)*

Das Gelübde der Hospitalität zeichnet die Barmherzigen Brüder unter anderen Ordensgemeinschaften aus. Es ist das vierte Gelübde neben den drei klassischen Versprechen, nach denen auch andere gottgeweihte Männer und Frauen leben. *Hospitalität* bedeutet im Wortsinn *Gastfreundschaft*. Diese gilt generell zwar allen Menschen, im Besonderen aber Menschen mit Krankheiten, Behinderungen und in Notsituationen. Das große Vorbild ist auch hier Jesus von Nazareth, der gesandt war, „den Armen die Frohe Botschaft zu bringen und die Kranken zu heilen".[230] Seine Heilungen deutete er als „messianische Zeichen des angebrochenen Reiches Gottes".[231] Jesus machte damit die Liebe Gottes zu den Menschen sichtbar, er setzte sich für das Leben und Heil der Menschen ein. Besonders nahe war er „den Schwachen, Kranken und Sündern"[232] und machte ihnen die Menschenfreundlichkeit Gottes offenbar. Jesus identifizierte sich in der Rede vom Weltgericht mit den Armen, Kranken und Bedürftigen und „macht sie zu lebendigen Zeichen seiner Gegenwart. Was wir also einem von ihnen tun, das betrachtet er für sich selbst getan."[233]

Die Barmherzigen Brüder sind durch das Gelübde der Hospitalität dem Beispiel Jesu verpflichtet. Sie weihen sich ihm und erfüllen Jesu Auftrag an seine Jünger, die Kranken zu heilen.[234] Dieser Auftrag Jesu kann viele Gesichter haben. Sei es, für kranke, behinderte, obdachlose, heimatlose oder alte Menschen da zu sein. Der Dienst an den Kranken und Einsatz für die Notleidenden ist nicht nur humanitäre Hilfe, sondern

---

[230] vgl. Lk 4,18f.

[231] vgl. Lk 7,19-23: Jesu Antwort auf die Frage von Johannes dem Täufer nach dem Messias.

[232] vgl. Mt 9,12: „Nicht die Gesunden brauchen den Arzt, sondern die Kranken."; Segnung der Kinder (Lk 18,15f.)

[233] vgl. Mt 25,34-46; Konstitutionen 20

[234] vgl. Lk 9,2: Jesus sandte die Zwölf aus „mit dem Auftrag, das Reich Gottes zu verkünden und zu heilen."

„Verkündigung und Zeichen des neuen und ewigen Lebens, das Christus uns in seiner Erlösung erworben hat."[235] Der Dienst der Hospitalität ist Dasein für die ganze Person in seiner leiblichen, geistigen und geistlichen Dimension. Dazu gehören sowohl die sogenannten niedrigen Dienste an den Betreuten, zum Beispiel die Entsorgung von Exkrementen oder das Bettenmachen, wie auch der Einsatz für das Lebensrecht alter, kranker und behinderter Menschen. All das ist gelebte Nachfolge Christi und Nächstenliebe.[236]

Auch Frater Eustachius Kugler war als Barmherziger Bruder in besonderem Maß der Hospitalität geweiht und liebte den Nächsten aus Liebe zu Gott. Für ihn war der Dienst für die Armen und Kranken das Schönste, was es gibt, auch wenn es sich um Aufgaben handelte, vor denen andere zurückschreckten. In einem Rundbrief an die Mitbrüder schrieb er einmal, begeistert von seiner Berufung und dankbar gegenüber Gott: „Gibt es etwas Schöneres und Glücklicheres auf Erden, als den armen Menschen und den armen Kindern zu dienen und zu wissen, dass wir alles, was wir ihnen tun, unserem lieben Heiland selber tun? – Ja, gibt es etwas Schöneres, als Nachtwache zu halten bei Kranken und Kindern und so, ganz allein und ohne von der Welt gesehen zu werden, den Armen, ja dem lieben Heiland selbst zu dienen? Der heilige Schutzengel wird bestimmt alles in das Buch des Lebens eintragen. Und wenn wir sterben, wird dies für uns ein großer Trost sein."[237]

Im Einsatz für die armen und kranken Menschen folgte Frater Eustachius dem Beispiel seines Ordensvaters Johannes von Gott, der im Königlichen Hospital von Granada folgenden Wunsch formulierte und später in die Tat umsetzte: „Jesus Christus möge mir die Zeit schenken und die Gnade gewähren, dass ich ein Hospital habe, in dem ich die armen Menschen, die verlassen und der Vernunft beraubt sind, sammeln kann, um ihnen zu dienen, wie ich es wünsche!"[238] Nach seiner Entlassung aus dem Hospital, das man heute als psychiatrische

---

[235] Konstitutionen 21
[236] vgl. Konstitutionen 22-24
[237] Rundbrief vom 24. Juli 1935, Russotto 120
[238] Castro 50

Klinik – allerdings mit inhumanen Methoden – bezeichnen könnte, machte sich Johannes von Gott daran, sein Leben für die notleidenden Menschen hinzugeben und Arme, physisch und psychisch Kranke, Bettler, Obdachlose, Pilger, Kinder und Greise in seinem Haus aufzunehmen und für sie zu sorgen.[239] Das war die Lebensaufgabe des heiligen Johannes von Gott – und auch für Frater Eustachius Kugler.

Der Dienst an den armen und kranken Menschen war für den Diener Gottes der Daseinsgrund als Barmherziger Bruder. Das merkt man besonders, als nach dem Zweiten Weltkrieg den Brüdern in Regensburg durch die Beschlagnahmung des Männerkrankenhauses der unmittelbare Dienst an den Kranken teilweise verwehrt wurde, was der Provinzial tief bedauerte.[240] Frater Eustachius war nämlich erfüllt vom Geist der Nächstenliebe und hatte ein Herz für die Kranken. „Seine Liebe und Sorge um sie war unendlich groß und steigerte sich noch, wenn es sich um die Ärmsten und Unglücklichsten handelte: Epileptiker, Geistesschwache, Geisteskranke und solche, die sich nicht sauber halten können." Diese Menschen liebte er besonders und diente ihnen, denn sie waren für ihn „die Lieblinge des Herrn."[241]

Aber nicht nur den Menschen, welche in den Häusern des Ordens betreut wurden, galt seine sorgende Liebe. Frater Eustachius nahm auch Arme auf, die bei den Barmherzigen Brüdern bettelten. Seine Sorge um die Bettler ging so weit, dass er Vorsichten anderer Brüder über Bord warf. Dazu erzählte einmal ein Bruder: „Im Jahre 1931 nahmen die Bettler überhand, weil die Zeit schlecht war. Aber viele von ihnen trieben mit unserer Mildtätigkeit Schindluder und verschacherten das Brot, das wir ihnen gaben. Da wollten wir nicht mehr so viel hergeben. Als das dem Provinzial zu Ohren kam, sagte er: ‚Solange uns der

---

[239]   vgl. Briefe, 2 GL 5

[240]   Frater Eustachius Kugler: „Sie haben uns die Kranken genommen, und dies ist am ärgsten für uns!"
(Abeln 50). Dennoch waren die Brüder weiterhin unter weltlicher. Aufsicht im Frauenkrankenhaus für männliche Patienten tätig. Die weiblichen Kranken waren in der Augustenschule Regensburg untergebracht. Der Konvent befand sich im Bettenhaus St. Vinzenz.

[241]   Frater Ulrich Langschartner, Russotto 122

Herrgott das Brot schenkt, müssen wir es den Armen geben. Ein Vergelt's Gott ist mehr als ein paar Laib Brot."[242]

Frater Eustachius, der „Krankenpfleger aus Beruf und Berufung"[243] war, sorgte dafür, dass in den Ordenshäusern sowohl Nächstenliebe wie Fortschrittlichkeit herrschten. Beide Ziele finden sich im Bau der beiden Regensburger Krankenhäuser für männliche und weibliche Patienten wieder. Für die Kranken waren die gewaltigen Investitionen, welche der Bau mit sich brachte, gut angelegt. Frater Eustachius erwiderte Kritikern, die sich vor dem hohen finanziellen Risiko ihres Provinzials scheuten: „Habt keine Angst. Ich habe die Sache mit dem Herrgott abgemacht, da fehlt nichts!" Eine optimale, zeitgemäße Betreuung der Kranken und eine gute Schule für angehende Krankenpfleger für denselben Zweck waren ihm der Einsatz wert.[244]

Im Krankenhaus der Barmherzigen Brüder sollte jedoch nicht nur das körperliche Wohl des Menschen im Mittelpunkt stehen, dafür gab es auch andere Krankenhäuser. Einen großen Wert legte Frater Eustachius auf die pastorale Betreuung der Patienten wie der Betreuten anderer Einrichtungen. Dies zählt bis heute zur ganzheitlichen Sorge um den Menschen. Zur Seelsorge gehört auch, den Sterbenden bis zum Tod beizustehen. Frater Eustachius schrieb während seiner Exerzitien: „Möge ich (mein Gott) imstande sein, auch gut acht[zu]geben, um rechtzeitig den lieben Kranken die heiligen Sakramente spenden zu lassen und in ihnen in den letzten Augenblicken noch die vollkommene Reue durch die Anrufung des heiligsten Namens Jesu zu erwecken!"[245] Bei der Auswahl der Geistlichen für die Seelsorge riet er den Prioren, einen guten Priester auszuwählen, der sich für die Kranken interessierte.[246]

Der Einsatz für die kranken und behinderten Menschen war

---

[242] Abeln 48
[243] Eßer 96
[244] vgl. Heidenreich II, 1f.
[245] Exerzitien 1904, Vorsatz 10
[246] vgl. Brief an einen Prior vom 24. September 1945, Russotto 65

bei Frater Eustachius Kugler getragen vom Gebet. Umgekehrt befruchtete das Gebet auch seine Sorge um die Menschen. Beides ließ sich bei ihm nicht voneinander trennen. Auch wenn Frater Eustachius fest im katholischen Glauben verwurzelt war, so nahm er alle Kranken unabhängig von ihrer Herkunft oder Religion auf, weil er in ihnen seine Nächsten sah. Dies ist ein wichtiges Merkmal der Hospitalität. Allen ließ Frater Eustachius sowohl „Güte, erbarmende Liebe und Zuwendung" zukommen wie auch eine „genaue Diagnostik und eine sachgerechte Pflege".[247] Er tat alles aus Liebe zu den kranken und behinderten Menschen. Die Liebe galt weiterhin den kranken Mitbrüdern, für die er betete und sorgte, den Mitarbeitern und allen, die ins Haus kamen. Er kümmerte sich um das irdische Wohl wie um das ewige Heil seiner Mitmenschen.[248]

Der Dienst bei den Kranken hörte für Frater Eustachius nicht auf, als er Prior und schließlich Provinzial geworden war. „Noch als todkranker Mann", sagte einer seiner Mitbrüder, „hat er keine Nachtwache im Krankensaal ausgelassen. Alles hat er da gemacht: Essen verteilt, Betten gerichtet, Schüsseln und Flaschen geleert. Er tat das wie ein ganz gewöhnlicher Bruder, und dabei war er doch Provinzial."[249] Auch der Dienst bei den behinderten Menschen in den Pflegeeinrichtungen war für ihn etwas Selbstverständliches als Barmherziger Bruder. Aber nicht nur durch den aktiven Dienst sorgte er für eine gute Betreuung der Patienten. Als Prior und Provinzial besuchte Frater Eustachius „die verschiedenen Abteilungen des Krankenhauses, um sich davon zu überzeugen, ob alles in Ordnung sei und ob alle – Brüder und Hilfspersonal – auf ihren Posten seien. Manchmal verließ er auch den Chor während der Matutin und trat einen Rundgang an, ohne dabei aber seine Wachsamkeit irgendeinem zur Last fallen zu lassen; diese war vielmehr väterlich und voller Liebenswürdigkeit. Wenn er sah, wie die Brüder die Patienten wuschen, probierte er manchmal die Temperatur des Wassers

---

[247] Heidenreich II, 18, s. auch II, 14
[248] vgl. Eßer 96
[249] Abeln 48

aus, indem er seinen Finger hineintauchte. Hierbei fand er stets freundliche Worte für seine Mitbrüder.“[250]

Frater Eustachius Kugler stellte für die Oberen den heiligen Johannes von Gott als Vorbild für den guten Umgang mit den Betreuten dar. Dies war für ihn das wichtigste Kriterium, um Oberer zu sein. Dazu schrieb er: „Vor allem aber muss er ein Herz für die Armen und für die Kranken haben. Ich kann mir kein härteres Wort als dieses vorstellen: Unser Oberer oder dieser oder jener Frater ist so hart und hat gar kein Herz für viele.“ Und auch bei der Ernennung zum Oberpfleger, heute vergleichbar mit einem Pflegedienstleiter, fragte Frater Eustachius die Prioren: „Ist er gut mit den Kranken? Ist er ein wahrer Barmherziger Bruder?“[251] Am Interesse an den Hilfsbedürftigen und der Sorge um die Kranken entscheidet sich die Berufung eines Bruders im Orden des heiligen Johannes von Gott.

In einer schwierigen Zeit musste Frater Eustachius seine Mitbrüder mahnen, trotz der ungünstigen Zeit den Dienst bei den armen Kranken „im Geiste des Glaubens und der Hochherzigkeit“ und aus Liebe zu Jesus Christus weiterzuführen, auch unter Einsatz des eigenen Lebens.[252] Die Sorge um die Kranken war ihm alles wert, was auch eine Antwort auf die Anfrage eines Mitbruders beweist, welcher den Provinzial bezüglich Neuanschaffungen für den Operationssaal während des Krieges fragte: „Auch wenn wir mit Sicherheit wüssten, dass morgen andere an unserem Platz sitzen werden, so darf uns das auch nicht im geringsten beeinflussen, in dem, was den Ankauf von Einrichtungen betrifft, die notwendig sind, und den Kranken Erleichterung verschaffen (sic!). Sonst beweisen wir, dass wir uns um uns und nicht um die Kranken kümmern. Wenn es sich um das Wohl der Kranken handelt, so ist es vollkommen gleichgültig, ob sie heute von uns oder morgen von anderen angewendet werden. Wichtig ist nur die Absicht, etwas für die armen Kranken zu tun.“[253] Diese Antwort zeigt,

---

[250] Frater Andreas Weitnauer, Russotto 121. Die Matutin gehörte damals noch zum Stundengebet der Brüder am frühen Morgen.
[251] ebd.
[252] Rundbrief vom 20. Juni 1931, Russotto 120f.
[253] Frater Eustachius Kugler zu Frater Andreas Weitnauer, Russotto 81

dass Frater Eustachius Kugler ganz durchdrungen war vom Geist der Hospitalität und der Liebe zu den armen und kranken Menschen.

Über den Dienst der Oberen

- *„Im Oberen will ich stets Gott und nie den Menschen sehen." (Exerzitien 1900)*

- *„Der Obere ist der Vertreter Gottes. - Er muss sich bemühen, immer vollkommener zu werden. Er muss auch darauf bestehen, dass die heilige Regel und die Konstitutionen genau beobachtet werden. Der Provinzial soll nicht nur tadeln, sondern manchmal auch loben. – Der Obere soll ein Vater sein; er soll die Liebe und die Gerechtigkeit herrschen lassen. Der Obere soll auch Erzieher sein und zwar in Liebe und Klugheit. In all diesen schwierigen Fragen rufe den Heiligen Geist an!" (Exerzitien 1926)*

In den Ordensgemeinschaften gibt es Brüder, welche als Obere Verantwortung für die Gemeinschaft tragen. Im Hospitalorden gibt es drei Ebenen der Leitung: an der Spitze des Ordens steht der Generalobere mit seinem Rat, dann folgen die Provinzen mit dem Provinzial und seinen Räten und schließlich die Hauskonvente mit ihren Oberen, den Prioren. Diese hierarchische Verfassung des Ordens ist in den Konstitutionen festgelegt.

Der Provinzial trägt die Hauptverantwortung für seine Provinz mit den vielfältigen Aufgaben. Seine Autorität erstreckt sich auch über die einzelnen Einrichtungen und Konvente der Provinz. Der Hausobere hat die Verantwortung über eine Hausgemeinschaft und ihr Gemeinschaftsleben.[254]

Frater Eustachius Kugler setzte sich, aus eigener Erfahrung als Prior und Provinzial, mit dem Amt des Oberen auseinander. Für ihn war der Obere, wie er es in seinen Aufzeichnungen andeutet, ein Vertreter Gottes. Heute muss man diese Sichtweise

---

[254] vgl. Konstitutionen 95.98

relativieren, denn der Obere steht wie jeder andere Bruder auch unter der Verantwortung Gottes und nicht an dessen Stelle.

Der heilige Augustinus schreibt den Brüdern in seiner Regel zur Rolle des Oberen: „Dem Vorgesetzten sollt ihr gehorchen wie einem Vater und ihm Ehrfurcht erweisen, damit Gott in ihm nicht beleidigt wird. Noch viel mehr sollt ihr dem höheren Oberen gehorchen, der sich um euch alle sorgt."[255] Die Oberen sollen ihr Amt nach Augustinus nicht zur autoritären Machtausübung gebrauchen, sondern es als Dienst aus Liebe verstehen. Sie müssen sich vor Gott verantworten können, ein Vorbild der Gemeinschaft sein und jedem Bruder so begegnen, wie er es gerade braucht. Der Ordensobere soll danach streben, von den Brüdern mehr „geliebt als gefürchtet zu werden". Die Untergebenen sollen mit dem Oberen barmherzig sein wegen seiner Verantwortung vor Gott.[256]

Dem Oberen empfiehlt Frater Eustachius, „dass er selbst sozusagen die lebendige Regel für seine Untergebenen [sei]". Er muss so leben, dass seine Bestimmungen für die Mitbrüder und sein Handeln im Einklang stehen und sich nicht widersprechen.[257] Der Obere soll für seine Mitbrüder nützlich sein, „gediegene Reife zeigen und Ruhe bewahren, aber auch nicht alles hingehen lassen, sondern den Mut haben, auch einmal den Daumen drauf zu halten." In Zweifeln soll der Obere ältere Mitbrüder zu Rat ziehen. Er soll diskret und verschwiegen sein, um niemandem durch Geschwätz zu schaden und sich um die jeweilige Einrichtung kümmern, damit dort der Dienst gut ausgeübt wird. Zu diesem Zweck empfiehlt Frater Eustachius dem Prior einen möglichst täglichen Rundgang durchs Haus. Der Grund für diese ungewöhnliche Maßnahme ist das Wohl der Kranken und Betreuten. Der Prior soll vor allem „ein Herz haben für die Armen und Kranken". Frater Eustachius kann sich kein härteres Urteil für einen Barmherzigen Bruder vorstellen als: „unser Oberer oder und der Bruder ist so hart

---

[255] Regel des hl. Augustinus 44
[256] Regel des hl. Augustinus 46f.
[257] „Es kann kein Oberer von seinen Untergebenen verlangen, etwas zu halten, was er anordnet, wenn er selbst die Anordnungen des höheren Oberen mit Füßen tritt." (Eßer 40); vgl. Russotto 114

und hat kein Wort für uns."[258] So weist der Provinzial seine Prioren eindringlich darauf hin zu achten, „dass kein Kranker jemals geschlagen oder misshandelt wird, so dass wir vor Gott und der Welt in dieser Beziehung gut dastehen." Er schreibt weiter: „Es ist eines Barmherzigen Bruders ganz unwürdig, die Hand gegen einen armen Kranken zu erheben und die Worte des lieben Heilands, was ihr dem geringsten meiner Brüder tut, das habt ihr mir getan, auch hier Geltung haben." [259] Die Liebe zu den Ärmsten ist nämlich das Kennzeichen eines Barmherzigen Bruders in Nachahmung des heiligen Johannes von Gott.

Die Mitbrüder sollten nach den Worten von Frater Eustachius den Oberen bei seinen alltäglichen Arbeiten und Sorgen zur Seite stehen. Dadurch werden diese ein Stück weit entlastet und erfahren die Solidarität der Mitbrüder. Die Zusammenarbeit zwischen Oberen und Untergebenen ist ein Kennzeichen eines gelingenden Ordenslebens, das ohne hierarchische Struktur nicht auskommt. Der Provinzial fragt daher rhetorisch: „Was ist denn in der Tat ein Oberer ohne den Untergebenen? Und was ist ein Bruder ohne den Oberen?" Er ermahnt beide Seiten, zusammenzustehen, „denn die Einigkeit schafft die Kraft, um sehr viel zu arbeiten, zur Ehre Gottes, für das Wohl der Kranken, die uns anvertraut sind und besonders für unsere eigene Seele."[260]

Frater Eustachius Kugler sah den Oberen also in erster Linie als jemanden, der für die ihm anvertraute Brüdergemeinschaft und für jeden einzelnen Bruder Sorge trägt und, wenn nötig, auch mahnt. Das Amt ist nicht zur Machtausübung da, sondern zum Dienst für andere. Das Zusammenstehen von Vorgesetzten und Untergebenen ist das Ideal, weil alle vor Gott nach ihrem Maß verantwortlich sind. Frater Eustachius zeichnete damit ein positives Bild eines Oberen, welches er selber auch ausfüllte.

---

[258] Zirkularschreiben des Provinziales, ca. 1928, Eßer 57f.
[259] Eßer 40
[260] Kanonische Visitation 1945, Russotto 95

Prior und Provinzial der Bayerischen Provinz

- *„Am 19. Juni 1925 bin ich zum Provinzial gewählt worden. Ich habe sofort die ganze Provinz der lieben Gottesmutter geweiht mit der Bitte, sie ganz nach ihrem Willen und dem ihres göttlichen Sohnes lenken zu wollen. Amen.“*[261]

Die Richtlinien für das Amt der Oberen, die Frater Eustachius Kugler vorgab, setzte er als Prior und Provinzial selbst in die Tat um. Er leitete seine Mitbrüder mehr durch sein Beispiel als durch viele Worte zu einem treuen Leben als Barmherzige Brüder an. Insbesondere in den 21 Jahren seines Provinzialats (1925-1946) führte er die Brüder im Geist des heiligen Johannes von Gott nach der Augustinusregel, den Konstitutionen und im Geist des Evangeliums.[262]

Obwohl Frater Eustachius als „idealer Oberer“[263] angesehen wurde, drängte er sich nicht in höhere Positionen im Ordensleben, sondern wollte lieber als einfacher Bruder zum Wohl der Kranken wirken. Dennoch schenkten ihm seine Mitbrüder das Vertrauen und wählten ihn mehrmals zum Prior. Bei den Wahlen spielte sicher auch die Vorsehung Gottes eine Rolle. Frater Eustachius blieb aber auch als Oberer demütig und half bei der Betreuung der kranken und behinderten Menschen. Dadurch blieb er, trotz seiner Sorge für die Provinz, dem Ordensauftrag unmittelbar verbunden. Er interessierte sich darüber hinaus lebhaft für die Anliegen der Mitarbeiter im Krankenhaus.

Nach langen Jahren als Prior und Definitor wurde Frater Eustachius Kugler beim Provinzkapitel 1925 zum Provinzial der Bayerischen Provinz gewählt. Er begab sich in die Kirche. „Die Tränen standen ihm in den Augen, als er die offizielle Huldigung der Kapitulare und der anderen Mitbrüder entgegennahm.“[264]
Der neue Provinzial stand, auch bedingt durch seine Herkunft, mit beiden Beinen auf dem Boden und konnte zukunftsfähig

---

[261] Aufzeichnungen 21
[262] vgl. Russotto 21
[263] Russotto 69
[264] Russotto 101

planen und handeln, was besonders der Bau der Regensburger Krankenhäuser beweist, bei dem er sich auch gegen Gegner dieses Unternehmens durchsetzen musste. Frater Eustachius war nicht nur ein guter und frommer Ordensmann, sondern auch „ein kluger und wirtschaftlich denkender Hausvater".[265] Er leitete eine Provinz mit über 400 Brüdern und bis zu 19 Häusern, damals eine der größten im Hospitalorden, dazu noch in der Zeit des Nationalsozialismus. Er kümmerte sich um das Wohl seiner Mitbrüder wie um das Heil der kranken, behinderten, obdachlosen und notleidenden Menschen. Ebenso traf er für sie zukunftsweisende Maßnahmen, wozu er den technischen Fortschritt nutzte. Frater Eustachius sorgte sich außerdem um eine gute pflegerische Ausbildung der Brüder, damit diese das nötige Wissen und Können für ihren Dienst erwerben konnten. In allem war das Charisma der Hospitalität in ihm lebendig, das sich nicht nur im konkreten Dienst bei den kranken und hilfsbedürftigen Menschen, sondern auch in der Verantwortung als Oberer ausdrückte.[266]

Als Provinzial ließ er im Umgang mit den Mitbrüdern und Mitmenschen nicht seine Autorität spielen, sondern zeigte im Gegenteil Verständnis für sie. Außer wenn es dringend notwendig war, pflegte Frater Eustachius Kugler keinen strengen, autoritären Ton im Umgang mit anderen, sondern gebrauchte schriftlich wie mündlich eine höfliche und freundliche Sprache, welche seine Demut und seine Liebe zu den Menschen ausdrückte. Er war durch seine Schweigsamkeit jemand, dem man etwas anvertrauen konnte und der es dann vertraulich behandelte. So verfuhr er mit Ärzten, dem Hilfspersonal und den Kranken. [267]

Als Provinzial stand Frater Eustachius auf einem Posten, der ihn angreifbar machte. Nicht alle Brüder standen am Beginn seines Provinzialats zu ihm, was sich jedoch änderte. Noch mehr zu erdulden hatte er durch Vorwürfe, Beleidigungen, Anklagen und Verleumdungen, besonders in den Verhören der Nationalsozialisten. Die Brüder vertrauten in der Zeit des

---

[265] Heidenreich I, 21
[266] vgl. Heidenreich I, 21f.
[267] vgl. Russotto 70.80.105

Zweiten Weltkriegs auf ihn, und er stärkte sie durch sein Wort und Beispiel. In verschiedenen Briefen, Rundschreiben und Reden ermunterte Frater Eustachius Kugler seine Mitbrüder, standhaft zu bleiben.[268]

So hat Gott der Bayerischen Provinz zur rechten Zeit den rechten Mann geschickt. Man wundert sich noch heute, wie ein bescheidener Mann wie Frater Eustachius seine Ämter auf eine solch großartige Weise ausführen konnte. Es lag sicher auch am Beistand Gottes, der ihn führte. Pater Stephan Kainz OSB aus dem Kloster Scheyern, der als Beichtvater und Exerzitienbegleiter den Barmherzigen Brüdern verbunden war, schrieb als Resümee, dass Pater Provinzial Eustachius die Provinz „durch sein Beten, Leiden und Dulden" leitete.[269]

Sorge um die Mitbrüder

- *„Die Bruderliebe ist das Kennzeichen der Jünger Jesu." (Exerzitien 1898, Vorsatz 7)*

- *„Ich will nie von den Fehlern meiner Mitbrüder sprechen." (Exerzitien 1924)*

- *„Gott ist die Liebe. – Liebe deine Mitbrüder aus Liebe zu Gott! Das Gebet, vor allem das innerliche, ist die Seele des Ordensmannes." (Exerzitien 1941, Vorsatz 8)*

- *„Liebet einander aus Liebe zu Gott, ertraget einander!" (Exerzitien 1942, Vorsatz 8)*

- *„Von der Liebe und brüderlichen Eintracht. – Man soll alles tun, um sie zu pflegen und zu bewahren. Dann gilt das Wort des göttlichen Heilandes: „Wo zwei oder drei in meinem Namen versammelt sind, da bin ich mitten unter ihnen" (Mt 18,20); und darauf ruht ein ganz besonderer Segen." (Exerzitien 1944, Vorsatz 8)*

---

[268] vgl. Russotto 84 und 86f.
[269] Hiltl 42

- *„Einen Mitbruder immer in Schutz nehmen, ihn nicht kritisieren. Die Liebe nachahmen, die dient wie die des lieben Heilandes bei der Fußwaschung."*
  (Exerzitien 1945, Vorsatz 10)

Die Liebe und Sorge für seine Mitbrüder, besonders als Oberer, wurzelte bei Frater Eustachius Kugler in der Liebe zum Nächsten, die sich in der Gemeinschaft des Ordens konkretisiert. Letztlich ist die Bruderliebe eine Frucht der Gottesliebe.[270] Gott hat verschiedene Männer in den Orden des heiligen Johannes von Gott zusammengeführt, damit diese zum Heil der Menschen wirken. In der Brudergemeinschaft sollen sie nach dem Vorbild der Jerusalemer Urgemeinde „ein Herz und eine Seele" (Apg 4,32) sein. Damit zeigt der heilige Augustinus die Mitte seiner Ordensregel zum Zusammenleben der Brüder.[271] Die Gemeinschaft in Bruderliebe verwirklicht sich nach den Konstitutionen des Ordens unter anderem durch das gemeinsame Beten, den Glauben, das Charisma der Hospitalität, die Feier der Eucharistie als wichtigster Ort des gemeinschaftlichen Lebens, das brüderliche Miteinander und das Apostolat.[272]

Frater Eustachius Kugler lebte die brüderliche Gemeinschaft zusammen mit seinen Mitbrüdern vor. Als Oberer trug er die Verantwortung und Sorge für die Brüder und erfüllte diese Aufgabe wie ein treusorgender Vater für seine Kinder.[273] Besonders besorgt war Frater Eustachius um das Heil der Seelen seiner Mitbrüder. Er ermahnte sie immer wieder: „Achtet nur darauf, eure Seele zu retten!", und regte sie dazu an, ihre geistlichen Übungen gut zu machen.[274] Er förderte als Provinzial das geistliche Leben der Brüder wie das brüderliche Zusammenleben, in dem „eine aufrichtige, hochherzige und übernatürliche Liebe" herrschen sollte. Dazu schrieb Frater

---

[270]   vgl. 1 Joh 4,11
[271]   Regel des hl. Augustinus 3: „Das erste Ziel eures gemeinschaftlichen Lebens ist, in Eintracht zusammenzuwohnen und „ein Herz und eine Seele" auf Gott hin zu sein."
[272]   vgl. Konstitutionen 26-52
[273]   vgl. Russotto 60
[274]   Russotto 66

Eustachius bei einer Visitation: „Pflegt auch sehr gewissenhaft die brüderliche Liebe, meine teuren Mitbrüder, ertraget einander, helft einander, vergebt einander! Es wird immer Mängel geben, solange es Menschen gibt; und wenn jeder auf seine eigenen schaut und sie zu bessern sucht, dann hat er Arbeit für sein ganzes Leben.“[275] Die Ermahnungen zur Treue im Ordensleben mit seinen Verpflichtungen und zum brüderlichen Miteinander waren besonders in der Zeit des Kriegs und des Naziregimes dringlich.

In jener Zeit sorgte sich der Provinzial besonders um die Brüder, die als Soldaten oder Sanitäter im Fronteinsatz waren. Frater Eustachius bat die Brüder um das Gebet für jene, „die seit langer Zeit an der Front sind und viele Prüfungen für Seele und Leib ertragen müssen, damit sie sehr bald gesund und heil in unseren heiligen Orden zurückkehren können.“[276] Er verglich das Leid der Soldaten und der Brüder in den bombardierten Städten mit einem Kreuzweg, den es um Jesu willen zu gehen gilt, da er zum Paradies führe.[277] Wenn Mitbrüder vom Krieg zum Kurzurlaub heimkamen, kümmerte sich Frater Eustachius um ihr Wohl und tröstete sie. Die Brüder im Kriegsdienst vergaß er nicht, sondern hoffte, dass sie gut wieder zurückkommen würden. Allerdings fielen einige Brüder im Zweiten Weltkrieg.[278]

Frater Eustachius Kugler pflegte eine brüderliche Liebe zu seinen Mitbrüdern, indem er sich für diese interessierte und einsetzte. Seine „väterliche, edelmütige Besorgtheit“ zeigte sich darin,

---

[275] Russotto 61f.; vgl. dazu Eph 4,2-6; Kol 3,13f.

[276] Frater Eustachius im Oktober 1942, Russotto 29

[277] Rundschreiben vom 2. März 1945, Eßer 155: „Der liebe Heiland und seine heiligste Mutter sind ja diesen Weg gegangen, deshalb gibt es auch für uns keinen anderen auf dieser Erde als den Kreuzweg, der kurz ist, aber sicher zum Paradiese führt. Besonders leiden jetzt die Mitbrüder in den Städten. Was müssen diese Tag und Nacht durchmachen, besonders wegen der Flieger und wegen der Arbeitsüberlastung. So kommt man schon auf den Gedanken, dass dieses Leben ein kleines Martyrium ist und der liebe Gott es selbst zur Abbüßung unserer Sünden und zur Abkürzung unseres Fegfeuers sicher annehmen wird, wenn selbes im rechten Sinne und aus Liebe zu Gott ertragen wird.“

[278] Im Zweiten Weltkrieg fielen neuen Brüder und sieben Mitarbeiter, zehn Brüder und vier Mitarbeiter blieben vermisst, vier Brüder starben bei den Luftangriffen auf München und Straubing oder deren Folgen, ein Bruder wurde in der Euthanasie-Aktion ermordet.

dass er sich nach der Gesundheit der Brüder erkundigte, sich gewissenhaft dafür sorgte, dass jeder das Notwendige erhielt und sich über die Genesung von Kranken freute.[279] Er wusste sich also verantwortlich für das Wohlergehen und die Gesundheit seiner Brüder. Bei Auseinandersetzungen mit Mitbrüdern, zu denen es auch kam, konnte Frater Eustachius bald wieder einlenken, um ein gutes und friedliches Zusammenleben zu ermöglichen.[280]

Seine Liebe und Verantwortung für das Wohl der Mitbrüder drückt sich auch in der Trauer aus, wenn Brüder den Orden verließen. Ein Mitbruder berichtet: „Oft wurde er schon bei der Mitteilung, dass einer schwanke zwischen der Treue zum Ordensberuf und der Rückkehr in die Welt, sehr ernst und während ihm eine Träne auf dem Auge glänzte, sagte er ganz langsam: „Jeder ähnliche Fall ist uns Anlass zu einer sehr ernsten Gewissenserforschung, um zu sehen, ob wir alles, wirklich alles getan haben, um ihm zu helfen. Beten wir für diesen armen Menschen! Beten wir noch mehr für ihn!"[281] So erwies sich Frater Eustachius gleichsam als Hirt seiner ihm anvertrauten Herde, für die er Verantwortung trug (vgl. Joh 10,1-10).

Mahnung zur Treue im geistlichen Beruf

- *„Bete täglich um die Gnade der Beharrlichkeit und gebrauche die (notwendigen) Mittel zu diesem Zweck, vor allem das Gebet des Herzens und des Mundes!"* *(Generalbeichte 1902)*

- *„Halte deine Gelübde bis zum Tode!"* *(Exerzitien 1940, Vorsatz 4)*

- *„Auch wenn wir gezwungen würden, das Ordenskleid abzulegen, bliebe doch deine Pflicht: Christus nachzufolgen, sowie seinen Tugenden und seine Liebe nachzuahmen nach dem Vorbild des heiligen Johannes von Gott."* *(Exerzitien 1942, Vorsatz 1)*

---

[279] Russotto 62
[280] vgl. Frater Bernhard Schelle, Russotto 59
[281] Frater Andreas Weitnauer, Russotto 64

- *„Unsere Hauptaufgabe ist unsere Heiligung. Die Gelübde sind die besten Mittel, um sie zu erreichen, ebenso wie die heilige Regel und die Konstitutionen."*
(Exerzitien 1944, Vorsatz 6)

Frater Eustachius Kugler wollte bis zum Tod der Berufung als Barmherziger Bruder treu bleiben und ermahnte dazu auch seine Mitbrüder. Die Treue zur empfangenen Berufung erwächst laut den Konstitutionen der „unwandelbaren Treue Gottes"[282], welcher den Menschen in unwiderruflicher Liebe zur Nachfolge Christi einlädt. So wie Gott den Menschen treu ist, müssen auch sie treu sein, nämlich Gott, sich selbst, den Mitbrüdern, der Kirche sowie den Kranken und Hilfsbedürftigen gegenüber. Darin erfüllt sich das Leben als Barmherziger Bruder. Die Treue zur Berufung verlangt das Engagement des Bruders, damit er lernt, Gott im Gebet und den Mitbrüdern in der Gemeinschaft zu begegnen, sich in der tätigen Nächstenliebe zu üben und auf Dinge zu verzichten, die das Leben zwar angenehmer machen, aber nicht zu Gott hinführen.[283]

Frater Eustachius lebte die Treue zu seiner Berufung konsequent und ohne Abstriche. Er war begeistert von seiner Ordensberufung und dankte Gott dafür. Im Jahr 1934 schrieb Frater Eustachius an die Mitbrüder: „Danken wir dem lieben Gott täglich für den so schönen Beruf und bitten wir auch täglich um die Gnade der Beharrlichkeit bis an unser Lebensende."[284] Seine Treue war getragen von der Liebe zu Jesus Christus und zur Gottesmutter Maria. Diese Liebe gab ihm Kraft für seinen nicht immer leichten Weg. Der geistliche Lebensweg war von einem Ziel bestimmt, welches Frater Eustachius in einem Rundschreiben folgendermaßen wiedergab: „Beten wir täglich füreinander um die Gnade der Beharrlichkeit, damit wir alle zusammen an unser Ziel gelangen und einmal Gott im Himmel schauen dürfen."[285] In der Beharrlichkeit und Treue erfüllt sich die Berufung, nicht in einer kurzzeitigen Begeisterung. Das heißt auch, dass es im

---

[282] Konstitutionen 101; vgl. Jes 49,14-16
[283] vgl. Konstitutionen 102f.
[284] Visitationsbericht vom 5. Dezember 1934 in Attl, Eßer 149
[285] Rundschreiben vom 20. Juni 1931; Russotto 49

geistlichen Leben nicht auf spirituelle Höhenflüge ankommt, sondern auf die Treue im Alltag. Bei Frater Eustachius hat sich letzteres erfüllt.

Bei der Visitation des Konvents im Obdachlosenheim München Lothstraße im Jahr 1930 ermahnte der Provinzial die Brüder zu einem strengeren Konventleben, in dem er ihnen den damals selig gesprochenen Bruder Konrad von Altötting vor Augen führte. Dieser wurde nicht durch große Werke heilig, sondern durch sein Beten und den einfachen Pfortendienst, welchen er in Treue ausübte. Frater Eustachius schrieb zu Bruder Konrad: „Was nun dieser gekonnt, sollten wir doch auch können, und es wird uns nicht so schwer sein, wenn wir unsere Pflichten und Arbeiten in demselben Geist und in derselben Absicht verrichten wie er es getan hat; nämlich um Gotteswillen, aus Liebe zu Gott."[286]

In seinen Schreiben ermahnte Frater Eustachius seine Mitbrüder immer wieder zur Treue in der Berufung, welche besonders in der Zeit der Unterdrückung auf eine harte Probe gestellt wurde. Zahlreiche Brüder verließen den Orden im Dritten Reich oder als Folge des Krieges. In einem Rundschreiben an alle Konvente aus dem Jahr 1935 schrieb Pater Provinzial Eustachius Kugler über die Ausgetretenen: „Wie ihr alle wisst, verlassen jetzt viele Brüder den Orden, und als Grund wird angegeben, dass sie keine Freude mit dem Ordensleben mehr haben. Ob der liebe Gott diesen Grund ohne weiteres gelten lässt, weiß ich nicht! Immerhin ist es ja möglich, dass im Ordensleben Zeiten kommen, wo man keine rechte Freude mehr hat. Die Ursachen können ja verschieden sein. Doch kann dieses niemals ein Grund sein, um dem lieben Gott die Treue zu brechen. Wer auf der Welt hat denn in seinem Beruf immer Freude? Vom göttlichen Heiland, unserm Lehrer und Meister wissen wir, dass er wenig Freude hatte in seinem Leben auf Erden, aber sehr viel Leid, besonders in seinem bitteren Leiden. Er hat auch nicht alles weggeworfen, sondern sich in den Willen seines himmlischen Vaters ergeben. Das sollen auch wir tun, wenn schwere Zeiten über uns kommen sollten. Mit dem lieben Heiland wollen wir dann rufen: ‚Dein

---

[286] Eßer 65

Wille geschehe!' Wollen wir immer und allezeit auf den lieben Gott und die Fürbitte der Heiligen vertrauen, getrost der Zukunft ins Auge sehen, mag kommen, was immer (sic)!"[287]

Ein anderes Beispiel ist ein Rundschreiben aus der Zeit des Zweiten Weltkriegs, in dem Frater Eustachius Kugler zu einem intensiveren Ordensleben aufruft, um in einer Welt, in der Gott kaum eine Rolle spielt, Zeugnis zu geben: „Bemühen wir uns also, wahrhaft gute Barmherzige Brüder zu sein; denn vor allem in diesen so harten Zeiten müssen wir alles, was möglich ist, tun, um uns zu heiligen und ein gutes Beispiel zu geben. Man hört leider manchmal sagen, es sei jetzt Krieg und man könne deshalb nicht alles so genau tun. Liebe Mitbrüder, das ist eine völlig falsche Auffassung, denn gerade jetzt müssen wir ganz genau sein in unseren Verpflichtungen gegenüber der heiligen Regel, den Konstitutionen und den anderen Vorschriften und müssen auf diese Weise dazu beitragen, die harten Züchtigungen abzukürzen, die uns von Gott geschickt sind."[288]

Als Mittel, der Berufung zum Barmherzigen Bruder in Treue zu folgen, nennt Frater Eustachius Folgendes: männliche Stärke im Ordensberuf, Pflichterfüllung im Dienst Gottes nach den je eigenen Kräften, das Bemühen „ein sehr gutes und erbauliches Leben zu führen, um vom gütigen Gott die große Gnade zu erlangen, in unserem Beruf und in unserem heiligen Glauben bis an das Ende unserer Tage auszuhalten"[289], Treue zum Glauben und zur Kirche, Gottvertrauen und Gebet.

Das Gebet schien für Frater Eustachius das beste Mittel zu sein, um seiner Berufung treu zu bleiben. Im Juni 1938 rief er angesichts der Zeitverhältnisse zum intensiven Gebet auf: „Betet, betet und abermals betet, damit in allem der heiligste Wille Gottes geschehen möge und jedem zurufen (sic!): Halte fest, was du hast, damit dir nicht ein anderer die Krone raube!"[290]

---

[287] Hiltl 26f.
[288] Rundschreiben vom Oktober 1942, Russotto 28
[289] Rundschreiben vom Dezember 1942, Russotto 87
[290] Rundschreiben vom 18. Juni 1938, Eßer 150

Als himmlische Helfer, das irdische Leben zu bestehen und in den Himmel zu kommen, empfahl Frater Eustachius Kugler den Herrn Jesus Christus, die Gottesmutter Maria, den Ordensvater Johannes von Gott, den heiligen Augustinus und alle Ordenspatrone.[291] Ein anderes Mal schrieb er zu den himmlischen Fürbittern: „Bitten wir sie inbrünstig, uns zu helfen, unser kleines Kreuz zu tragen und uns die Gnade der Beharrlichkeit im Guten und die Gnade eines guten Todes zu erflehen; dies ist ja das Wichtigste, da ja davon die ganze Ewigkeit abhängt."[292] Die Treue im Ordensberuf war für Frater Eustachius die Konsequenz aus einem erfüllten Leben als Barmherziger Bruder in Gebet, brüderlicher Gemeinschaft und Nächstenliebe. Er blieb seiner Berufung trotz mancher Schwierigkeiten aus Liebe zu Gott treu.

Schwierigkeiten unter der Herrschaft der Nationalsozialisten

Die Zeit des Nationalsozialismus, das Dritte Reich (1933-1945), war zusammen mit dem Zweiten Weltkrieg das schwierigste Kapitel im Leben von Frater Eustachius Kugler, besonders in seiner Verantwortung als Provinzial. Schon früh erkannte er die Gefahren, die von Adolf Hitler und seiner Bewegung ausgingen. Bei der Machtergreifung Hitlers 1933 sagte Frater Eustachius in Anspielung auf den biblischen Turmbau zu Babel: „Der Herrgott wird auch diese Bäume nicht in den Himmel wachsen lassen."[293] Bereits am Anfang der Gewaltherrschaft sah der Barmherzige Bruder deren Ende.

Der Nationalsozialismus brachte der Provinz mit ihren Einrichtungen und den Mitbrüdern erhebliche Schäden, nämlich zerstörte Häuser, gefallene und getötete Brüder und zweckentfremdete Einrichtungen. Schon als Prior in Gremsdorf, einer Behinderteneinrichtung bei Höchstadt, bereiteten Frater Eustachius die Einberufung von Brüdern und Versorgungsprobleme große Schwierigkeiten. Dennoch schrieb

---

[291]   vgl. Zirkularschreiben 1934, Eßer 75
[292]   Kanonische Visitation 1945, Russotto 95
[293]   Frater Pankraz Wolf, Russotto 24

er voll Gottvertrauen: „Da alles auf dieser Welt vergeht, wird auch diese schwere Zeit vorübergehen. Wollen wir nicht den Mut sinken lassen und auf Gott vertrauen."[294] Hier bewährte sich sein radikales Vertrauen auf Gottes Hilfe und sein konsequentes Ordensleben. Gegen den Nationalsozialismus, eine antikirchliche und atheistische Bewegung, setzte Frater Eustachius das Zeichen eines unerschütterlichen und furchtlosen Glaubens und einer tiefen Spiritualität.

Die Furchtlosigkeit im Glauben zeigte sich besonders deutlich in den Verhören durch die Geheime Staatspolizei, welche Frater Eustachius Kugler über sich ergehen lassen musste. Hierbei erwies sich die Reinheit seines Gewissens, denn die braunen Schergen konnten ihm nichts anhaben. Die Welle von Verhören, durch welche die katholischen Orden mürbe gemacht werden sollten, verbunden mit der Verhaftung von Ordensmitgliedern, erfasste auch die Barmherzigen Brüder. Der Provinzial Eustachius Kugler schrieb 1937 voller Sorge an die Mitbrüder: „In Anbetracht der ganz schwierigen Lage, in der die ganze Provinz gegenwärtig ist, sollen die Herbstspaziergänge wie auch sonstige unnötige Fahrten und Reisen unterbleiben. Es wolle recht viel, namentlich für die in Haft befindlichen Mitbrüder gebetet werden, damit der liebe Gott die so schwere Prüfung abkürzen und so lenken wolle, damit alles zur größeren Ehre Gottes und zu unserem ewigen Heile gereichen wolle."[295]

Von den Verhören durch die Gestapo berichtet der damalige Prior vor Regensburg: „Im Juli 1937 erschienen plötzlich die Leute von der ‚Gestapo' aus Berlin mit ihren weißen Mützen und mit einem Blick, als wollten sie mich durchbohren. - Auf einmal sah man drei Automobile in unserem Garten, und die Männer fragten brüsk: Wo ist der Provinzial? Wo ist der Prior? Es folgte ein langes Verhör auf Zimmer 132, so dass wir in der Verwaltung die lauten Stimmen der Fragenden hören konnten. – Diese Verhöre dauerten Stunden über Stunden. Wochen hindurch kam die ‚Gestapo' zu uns ins Haus. – Einmal musste ich einen dieser Herren zum Pater Provinzial begleiten. Zuerst jedoch

---

294   Heidenreich I, 17

295   Eßer 149f.

wollte ich ihn davon in Kenntnis setzen, dass wir auf dem Weg zu ihm seien. Aber der Beamte ließ mich nicht ans Telefon und schob mich vor sich her. – Pater Provinzial war nicht in seinem Zimmer. Ich fand ihn jedoch in der Kirche. Wie immer hatte er seinen Rosenkranz in der Hand und war ins Gebet vertieft. – Als ich ihm mitteilte, dass sie wieder da seien, erwiderte er nur: In Gottes Namen. Und dann ging er, völlig ruhig und voll Gottvertrauen, zu jenem bösen Menschen. – Auch wenn ihn die ‚Gestapo' nach allen Richtungen verhörte und ihn stundenlang bedrängte, verriet er nie einen Mitbruder. – Er betrachtete alles, was er in seiner Eigenschaft als Provinzial erfahren hatte, als strengstes Beichtgeheimnis. – Als die Leute der ‚Gestapo' einmal wegen seiner Standhaftigkeit in Wut gerieten und ihm drohten, sie würden ihn verhaften und einsperren, gab er ruhig zur Antwort: Ich kann euch nicht daran hindern. Aber sie nahmen ihn doch nicht mit.“[296] Die Nationalsozialisten konnten trotz ihrer psychologisch brutalen Methoden Frater Eustachius nicht zu Fall bringen, weil dieser sich von Gott getragen wusste und standhaft blieb. Nach den Verhören ging er in die Kirche und kehrte von dort in bewährter Gelassenheit wieder zurück, so als ob nichts gewesen wäre.[297]

Eine schwierige Frage im Zusammenhang mit den Ereignissen des Dritten Reichs ist, ob man im Krieg, in den Zerstörungen und dem Unglück jener Zeit eine Strafe Gottes sehen soll. Frater Eustachius hatte offenbar die Vorstellung, dass der Krieg eine Heimsuchung sei, um Gott zu versöhnen. Das Werk des Menschen sollte Umkehr und Buße sein. Er schrieb in einer Ansprache für die Visitationen im letzten Kriegsjahr: „Wir alle, liebe Mitbrüder, kennen und fühlen die Schwere der Zeitverhältnisse und ich brauche darüber nichts zu sagen. Wenn wir die Weltlage etwas betrachten, können wir zu der Ansicht kommen, dass der liebe Gott die Völker schwer heimgesucht hat, wegen der Glaubenslosigkeit, Sittenlosigkeit und gänzlicher Absage an Gott. Die Strafgerichte Gottes sind nunmehr über die Völker hereingebrochen. Die Mittel zur Versöhnung des so

---

[296]   Frater Clarus Bierler, Russotto 26
[297]   vgl. Hiltl 30

schwer beleidigten Vaters im Himmel sind alt, aber doch immer wieder neu. Die liebe Gottesmutter hat selbe wiederum bei ihrem Erscheinen in Fatima in Erinnerung gebracht und besonders Buße und Gebet empfohlen. Ergreifen wir, liebe Mitbrüder, diese Mittel und gebrauchen wir dieselben recht oft. Lassen wir uns nicht die irrige Meinung in den Sinn kommen, weil jetzt Krieg ist, geht es nicht so genau, da ist alles erlaubt. Das Gegenteil muss der Fall sein, aber deswegen, weil Krieg ist und die Strafrute Gottes über uns hereingebrochen ist. Wegen unserer Sünden müssen wir uns bessern und in allem, besonders mit unseren Gelübden und sonstigen Pflichten es recht genau nehmen."[298]

Ist der Krieg wirklich eine Strafe von Gott oder erwächst er nicht vielmehr aus der Boshaftigkeit des Menschen? Die Ursache des Leidens bleibt uns dunkel, es kommt jedoch nicht vom guten Gott, der das Leben und Heil der Menschen will. Die Gräueltaten des Nationalsozialismus, der Krieg, die Vernichtung von Menschen, besonders von Juden und Behinderten waren eher Folge einer falschen Ideologie, in welcher das Gottes- und Menschenbild verzerrt wurde. Die Meinung, dass Gott durch Opfer besänftigt werden müsse, entspricht nicht der christlichen Lehre. Vielmehr ist der Mensch dazu aufgerufen, sein Leben und Denken zu ändern und zu Gott umzukehren. Frater Eustachius fügte sich auch in scheinbar so sinnlosen Ereignissen wie der Zerstörung der Pflegeeinrichtung in Straubing in den Willen Gottes und ertrug das Schwere mit großer Geduld.

Die Ermordung von behinderten Menschen im Rahmen der nationalsozialistischen Euthanasie-Aktion betraf auch die zahlreichen Einrichtungen für behinderte Menschen der Bayerischen Provinz. Als Beispiel sei die Pflegeanstalt Reichenbach genannt. Von dort wurden im September 1940 fünfzehn Juden nach Eglfing bei München überstellt, wo bis 1938 noch Barmherzige Brüder tätig waren. Mitte 1941 wurden 400 Bewohner von Reichenbach abtransportiert. Lediglich 70 Personen durften bleiben. Die abtransportierten Pfleglinge wurden zum größten Teil in Hartheim bei Linz getötet und ihre Urnen mit fadenscheinigen Todesursachen nach Hause

---

[298] Eßer 156

oder nach Reichenbach übersandt. Wie anderswo auch, wurde die Pflegeanstalt in ein Kinderlandverschickungsheim umgestaltet, doch diese gewaltsame Umwidmung brachte der Einrichtung nur Schaden.[299] Ähnliches lässt sich von den anderen Behinderteneinrichtungen der Provinz berichten. Nach Angaben von Provinzökonom Frater Clarus Bierler wurden insgesamt 1.760 behinderte und kranke Menschen aus den Einrichtungen in Zwischenstationen abtransportiert, um von dort in Grafeneck/Württemberg oder Hartheim – beide waren ehemalige Behinderteneinrichtungen – getötet zu werden. Trotzdem wurden auch Bewohner gerettet, indem sie als ‚Arbeitspfleglinge' in den Einrichtungen verblieben.[300]

Die Schwierigkeiten für die Provinz hörten mit dem Ende des Zweiten Weltkriegs am 8. Mai 1945 nicht auf. Denn in den verschiedenen Einrichtungen gab es zum Teil erhebliche Schäden, Häuser wurden anderweitig genutzt, und von den Brüdern waren viele in Kriegsgefangenschaft oder kehrten nicht mehr in den Orden zurück.[301] So hatte Frater Eustachius Kugler als Provinzial noch immer Sorgen genug. In Regensburg wurden die beiden Krankenhäuser von amerikanischen Soldaten ab dem 12. Mai 1945 beschlagnahmt, so dass die Kranken ausquartiert werden mussten. Am 14. Mai 1945 starb in Regensburg der ehemalige Ordensgeneral Pater Narzissus Durchschein.[302] Im Visitationsbericht des Konvents Regensburg vom 28. August 1945 schrieb Frater Eustachius über die Nachkriegszeit: „Zunächst Dank dem lieben Gott und unseren mächtigen Fürbittern für den ganz besonderen Schutz während des ganzen Krieges. Weiters kennt ihr ja die sonderbaren Verhältnisse in diesem Haus; die Nachwehen des Krieges sind oft schwieriger als der Krieg selbst. Man hat uns die armen Kranken genommen,

---

[299] vgl. Oberneder, Chronik 452f.

[300] vgl. Eßer 122f.

[301] Nach einer Statistik von Oberneder, Chronik 797, gehörten im Jahr 1935 der Bayerischen Provinz die Höchstzahl von 412 Brüder an. Zehn Jahre später, am Ende des Kriegs, waren es nur noch 231 Brüder.

[302] Pater Narzissus Durchschein (1866-1945) aus Weißenhorn/Schwaben gehörte der Bayerischen Provinz an. Er leitete die Vatikan-Apotheke, wurde zum Generalprokurator gewählt und war von 1934-39 Generalprior des Hospitalordens. Nach der Rückkehr aus Rom war er Seelsorger im Krankenhaus Straubing.

welches wohl eines der ärgsten Schläge ist, die uns bisher getroffen (sic!), denn was sind wir ohne Kranke. Warum das Gott zulässt, wissen wir nicht, aber ganz unschuldig sind wir selbst nicht. Schauen wir ein wenig in unser Inneres, ob wir und die ganze Menschheit durch den Krieg besser geworden sind; so werden wir wohl sagen müssen, dass wir die alten geblieben sind und wir dürfen deshalb annehmen, dass der liebe Gott die Strafrute noch nicht ganz zurückgezogen hat und wir deshalb zu den Mitteln greifen müssen, welche die Gottesmutter bei ihrem Erscheinen in Fatima in Erinnerung gebracht und ganz besonders Buße und Gebet empfohlen hat. Gebet und Buße sind eine Großmacht, die stärker ist als alle unsere sichtbaren und unsichtbaren Feinde, welche wir zu besiegen haben. – Weil man ziemlich viel von Reformen hört, möchte ich bitten, dass jeder bei sich selbst den Anfang macht."[303]

In dieser misslichen Lage war es für Frater Eustachius und seine Mitbrüder schwer, dass keine Zivilkranken in das Männerkrankenhaus aufgenommen werden konnten, so dass man für sie ein Ersatzkrankenhaus schaffen musste. Und dennoch schrieb der Provinzial voll Zuversicht und Gottvertrauen: „Insgesamt gesehen, können wir noch sehr froh sein und müssen dem lieben Gott danken, dass alles so geht. – Wir können unsere religiösen Pflichten vom Morgen bis zum Abend ungehindert erfüllen. Wir haben unsere Kirche, das Refektorium, die Zellen, etwas zu essen, auch ein gutes Dach über uns, so dass wir ruhig zu Bett gehen können. – Wir haben wenig zu tun, aber im Augenblick kann man nicht viel unternehmen, man muss warten, wie sich die Dinge wenden. – Wir leben also ruhig weiter, so gut wie möglich, und vertrauen alles dem lieben Gott. (…) Jetzt sind die Gefahren der Fliegerangriffe und die Herrschaft der Nazis vorüber und man hätte nicht gedacht, dass es mit diesem Regime sobald zu Ende gehen würde. Aber es erheben sich andere schwere Sorgen, die man, wie wir hoffen, mit Gottes Hilfe überwinden kann."[304]

---

[303] Eßer 156
[304] Frater Eustachius in einem Schreiben an den Prior von Schweinspoint am 9. Juni 1945, Russotto 32

Frater Eustachius dachte in der Nachkriegszeit nicht nur an die Brüder seiner eigenen Provinz, sondern nahm auch die vertriebenen Brüder aus der Schlesischen Provinz auf, bis sie in anderen Einrichtungen in Baden-Württemberg, Bayern und schließlich in Frankfurt tätig wurden.[305]

Schutz der Regensburger Krankenhäuser

Frater Eustachius Kugler war nicht nur als Provinzial der Ideengeber und Gründer des Männer- und Frauenkrankenhauses in Regensburg, sondern setzte sich auch für deren Fortentwicklung zum Wohl der Kranken ein, Er schützte die Häuser auch durch sein Gebet, so die Meinung vieler, vor der Zerstörung im Zweiten Weltkrieg.

Die Stadt Regensburg hatte zwar öfter unter den Fliegerangriffen zu leiden, das Krankenhaus der Barmherzigen Brüder war jedoch am meisten durch einen Angriff am 17. August 1943 auf die in der Nähe befindlichen Messerschmittwerke betroffen. Trotz der heftigen Bombeneinschläge, welche alle im Haus in Schrecken versetzten, gab es überraschend wenige Schäden an den beiden Krankenhäusern, vor allem zerborstene Fensterscheiben. Den Grund dafür sahen viele im flehentlichen Bittgebet von Frater Eustachius Kugler. Ein Mitbruder, Frater Bernhard Schelle, berichtet in seinen Erinnerungen über die Bombenangriffe: „Am 17.8. 1943 erschraken wir alle mit ihm, als beim ersten Tagesangriff amerikanische Flieger das Messerschmittwerk in allernächster Nähe unseres Krankenhauses angriffen. Der Konvent hatte sich eben zum Mittagstisch im Refektorium versammelt. Trotz des Warnrufes der Sirenen war man immer noch der Meinung, es werde nichts fehlen. Aber plötzlich fielen eine Menge schwerer Bomben und es gab eine Erschütterung, dass die Brüder den Boden unter den Füßen wanken fühlten und sich nicht mehr aufrecht halten konnten. Als sie etwas zur Besinnung kamen und gefasster wurden, flüchteten sie

---

[305] Die schlesischen Brüder bauten mit deutschen Mitbrüdern die Rheinische Provinz auf. Seit 2007 gehört diese zur Bayerischen Provinz. Noch während des Weltkriegs kamen vertriebene Brüder aus der Grazer Ordensprovinz nach Bayern und wurden in Reichenbach integriert.

erschreckt in den Keller. Nur unser Provinzial ging nicht in den Keller, sondern in die Hauskapelle im ersten Stock und betete und betete. Als aber das Schreckliche offenbar wurde, dass es im Werk und seiner nächsten Umgebung 1200 Tote gab, bei uns aber nicht einen einzigen Verletzten, waren Ordensbrüder und -schwestern und die Insassen des Hauses alle der gleichen Meinung: dass hier der besondere Schutz Gottes über unseren Häusern gewaltet habe. Bekannte und Freunde kamen, und wer die schweren Volltreffer in 3 - 4 m Nähe unserer Häuser sah, sagte unwillkürlich: ‚Hier ist ein Wunder geschehen.' Andersdenkende äußerten: ‚das ist nicht zu verstehen, wie so etwas geschehen konnte'. Ohne Zweifel hat sein vertrauensvolles Gebet vor Gott Erhörung gefunden. Er war wirklich ein Mann des Gebetes. (...) In den furchtbarsten Nächten knapp vor Kriegsende schliefen wir gemeinsam im Luftschutzkeller. Und da hörte man immer seinen Rosenkranz klirren zwischen den heftigen Einschlägen der amerikanischen Artillerie."[306]

Das Gebet war in dieser schrecklichen Zeit zur Hauptbeschäftigung von Frater Eustachius geworden. Er kümmerte sich aber auch um die Kranken und Notleidenden und sorgte für die Geschicke der Provinz. Während der wiederholten Fliegerangriffe sorgte er dafür, dass Patienten und Mitarbeiter in den Luftschutzkeller kamen, während er selbst in die Kapelle ging, um vertrauensvoll zu beten. Besonders lieb war ihm, wie bereits angedeutet, der Rosenkranz vor dem Allerheiligsten. Die Mitbrüder nannten ihn wegen seiner Fürbitten den „betenden Schutzengel".[307] Ein anderer Mitbruder, der Exprovinzial Sympert Fleischmann, vertraute ebenfalls auf das Gebet seines Provinzials zum Schutz der Regensburger Krankenhäuser: „Solange der Pater Provinzial hier ist und hier betet, wird unserem Haus nichts passieren, das heißt es wird nicht bei den Bombenangriffen zerstört werden."[308] Damit sollte er Recht behalten. Nicht der Zufall rettete das Haus vor der Zerstörung, sondern das ruhige, furchtlose und

---

[306] Eßer 125, nach: Frater Bernhard Schelle, Frater Eustachius Kugler, München 1945, 6f.
[307] Russotto 30
[308] Russotto 69. Frater Sympert Fleischmann war von 1914-1925 Provinzial.

vertrauensvolle Gebet von Frater Eustachius. Das ist allerdings nur aus dem Glauben heraus zu verstehen.

Nach dem Angriff am 17. August 1943 schrieb Frater Eustachius Kugler in die Provinzchronik: „Im großen und ganzen ist der Schaden groß, doch können wir dem lieben Gott nicht genug danken, dass er uns von solchen Zerstörungen, wie solche in der Fabrik entstanden sind, gnädiglich bewahrt hat. (…) Man hörte von Weltleuten sagen, dass die Feinde die Krankenhäuser nicht treffen wollten und selbe verschont haben. Wir können diesen Standpunkt nicht einnehmen, sondern den so auffallenden Schutz dem lieben Gott zuschreiben, der uns so sichtlich beschützt hat. Darum Dank, ewiger Dank dem lieben Gott, der lieben Gottesmutter und allen Heiligen und seligen Geistern, welche angerufen wurden.“[309] Ein evangelischer Geistlicher, der in jenen Jahren die Patienten betreute, sagte als Reaktion auf den guten Ausgang der Angriffe für das Krankenhaus: „Ihr müsst einen großen Beter in Euren Reihen haben, weil Gott Euer Haus so sichtbar geschützt hat.“[310]

---

[309] Eßer 124
[310] Eßer 125

V. Der Tod von Frater Eustachius Kugler und Würdigung

Sterben und Tod des Dieners Gottes

- *„Es kommt jetzt noch der allerwichtigste Tag, die entscheidendste Stunde, die Sterbestunde, dann geht es heimwärts, hoffen wir zum Vater im Himmel!"*
  (Frater Eustachius Kugler an den Prior von Reichenbach am 26.10. 1945)

Nach dem Ende des Zweiten Weltkriegs ging auch das irdische Leben von Frater Eustachius Kugler langsam zu Ende. Aufgrund seiner fortschreitenden Krankheit, einem Magenkrebs, sah er seinen Tod kommen. Die Leiden im Alter nahm er mit Geduld auf sich und ertrug sie auf bewundernswerte Weise. Er deutete sie als Prüfung und Läuterung auf dem Weg zum Himmel.[311]

Frater Eustachius schrieb zum Dank für die Glückwünsche zu seinem Goldenen Professjubiläum an die Prioren in Bayern über die herannahende Todesstunde obige Worte, in denen er die Hoffnung ausdrückt, dass er zum himmlischen Vater heimkehren dürfe. In dieser Hoffnung, aus der er gelebt hat, konnte er ruhig den Tod auf sich nehmen. Für Frater Eustachius war der Himmel die eigentliche Heimat. So antwortete er auf Fragen, wie es ihm gehe, mit den Worten: „Ich kehre in die himmlische Heimat zurück!" oder „Ich gehe nach Hause."[312]

Sein wichtigster Begleiter auf dem Sterbebett, auf dem er seit Christi Himmelfahrt lag, war der Rosenkranz, den er beständig betete.

Je näher Frater Eustachius dem Tod kam, umso gütiger wurde sein Aussehen. Trotz der Schmerzen, welche seine Krankheiten verursachten, hatte er öfter ein Lächeln auf den Lippen, „als ob der fromme Bruder in Betrachtung versunken oder von einer himmlischen Vision ergriffen sei."[313] Mit dem Lächeln

---

[311] vgl. Russotto 141
[312] Russotto 142
[313] ebd.

beglückte der Sterbende seine Mitbrüder, die bei ihm waren, und schlief dann wieder eine Weile. Als Frater Eustachius immer blasser wurde, rückte sein Tod näher. Bis zuletzt betete er auf dem Krankenbett liegend und las das Buch der Visionärin Katharina Emmerich über das Leiden Christi. Er empfing die Krankensalbung beziehungsweise Heilige Ölung zur Stärkung für den letzten Leidensweg.

Am 10. Juni 1946, dem Pfingstmontag, starb Frater Eustachius Kugler in Regensburg. Franz Hiltl berichtet darüber: „Ein Mitbruder, der am Nachmittag dieses Tages den Krankendienst am Sterbelager des Frater Eustachius versah, fand ihn beim Eintritt in das Zimmer leicht schlummernd, aber er erwachte bald aus diesem schlafähnlichem Zustand, Brechreiz stellte sich ein. Er richtete sich auf, verlangte nach der Brechschale und sank dann nach dem Erbrechen erschöpft wieder in die Kissen zurück. Gesprochen hat er in dieser Zeit nicht mehr. Er verhielt sich vollständig ruhig und war noch bis zu seinem Verscheiden bei Bewusstsein. Wenige Minuten nach 16 Uhr ist dann der Neunundsiebzigjährige hinübergeschlummert. Auf dem Nachtkästchen unmittelbar neben seinem Sterbebett lag ein Zettel, auf dem die sieben Gaben [des Heiligen Geistes] von ihm mit Tinte niedergeschrieben waren. Das war offenbar der Betrachtungsstoff, den er sich für die Pfingsttage zurechtgelegt hatte.“[314]

So starb Frater Eustachius Kugler im Vertrauen auf Gott in dem Krankenhaus, welches auf seine Initiative zurückgeht. Sein Tod war so ruhig und unauffällig wie sein Leben. Max Burner, ein Mann, der zu Lebzeiten viel mit dem Provinzial zu tun hatte, schrieb nach dem Besuch des Leichnams von Frater Eustachius: „Den überwältigsten (sic!) Eindruck habe ich von ihm gehabt, als er kurz nach seinem Tod in seinem Zimmer aufgebahrt war und ich ihn noch einmal sehen durfte. Ich habe noch in guter Erinnerung, welch überirdisch glücklichen Gesichtsausdruck meine Mutter bei ihrem Sterben hatte; aber einen noch weitaus verklärteren Eindruck machte auf mich Pater Provinzial. Er strahlte eine Ruhe und ein Glück, eine Ausgeglichenheit und

---

[314] Hiltl 16; vgl. auch Eßer 138

Verklärtheit aus, die mit Worten schwer wiederzugeben sind. Ein glückliches Kind, das erstmals unter dem brennenden Christbaum steht, ist nur ein schwacher Vergleich dafür!"[315]

Aussagen über Frater Eustachius Kugler

- „Die Bayerische Ordensprovinz kann stolz sein, in heutiger Zeit eine solche Frucht für den ganzen Orden gezeitigt zu haben." (Pater General Hyginus Aparicio)[316]

Der Eindruck von Max Burner über die Begegnung mit dem verstorbenen Provinzial ist ein erstes Zeugnis über das heiligmäßige Leben und Sterben von Frater Eustachius Kugler. Seinem Zeugnis folgten noch weitere im Verlauf des Seligsprechungsprozesses, so dass man heute in der Lage ist, ein schönes Lebensbild von Frater Eustachius Kugler zu zeichnen. Es ist das Bild eines Heiligen, wie viele seiner Mitbrüder und Zeitgenossen bezeugten. Die Heiligkeit von Frater Eustachius besteht nicht in außerordentlichen Taten, sondern in der Treue und Liebe zu Gott, zum Orden, zu den Notleidenden und Kranken.[317] Einer seiner Mitbrüder schrieb, „dass unser Pater Provinzial Eustachius Kugler wie ein Heiliger gelebt hat, wie ein Heiliger gestorben ist und dass er jetzt als Heiliger im Himmel weilt."[318]

Die Augenzeugen seines vorbildlichen Ordenslebens nannten ihn einen „Mann voll Vertrauen auf Gott", der „die Güte in Person" war, einen „Mann des Gebetes und des guten Beispiels", der den Mitbrüdern in seiner Frömmigkeit und Gewissenhaftigkeit überlegen war. Er war „ein vollkommener Ordensmann von starken Glauben, glühend im Gebet, beständig in der Beobachtung der Regel", aber auch das „Vorbild eines

---

[315]   Eßer 138
[316]   Visitation 1963; Heidenreich II, 16. Frater Hyginus Aparicio war von 1959 bis 1970 Ordensgeneral.
[317]   vgl. Russotto 34
[318]   Zeugnis von Frater Pankratius Wolf, Russotto 146

guten und gewissenhaften Oberen". Der „wahre und treue Diener Gottes" war eine „außerordentliche Seele, die, obwohl sie auf Erden lebte, stets in die Anschauung Gottes vertieft war."[319] Diese Beispiele zeigen uns einen wahrhaft frommen und heiligmäßigen Mann, der für seine Mitbrüder und alle, die mit ihm zu tun hatten, ein Vorbild im Glauben war. Er lebte eine tiefe und innige Beziehung zu Gott, welche offensichtlich durch nichts unterbrochen worden war. Er machte bei Mitmenschen den Eindruck, „als lebe er schon im Himmel, auch wenn er noch auf Erden sei."[320] Seine Tugenden beschränkten sich jedoch nicht auf den geistlichen Bereich, sie erfassten seine ganze Person und seine Tätigkeiten.

Schon als Kind zeigte Josef Kugler „eine ausgesprochene Neigung zur Frömmigkeit, zum Gebet und zu einem Leben der Zurückgezogenheit. Von wachem Verstand und von schneller Auffassungsgabe, war er gleichzeitig ruhig, nachdenklich und sehr ordentlich, offen, aufrichtig und freundlich gegenüber allen."[321]

Zur Ablegung seiner Einfachen Profess im Jahr 1895 gab sich Frater Eustachius bei den Exerzitien ein Lebensprogramm vor, welches er ein ganzes Ordensleben lang treu befolgte. So ging sein Weg als Barmherziger Bruder immer gerade aus, auch wenn er immer wieder Schwierigkeiten zu bewältigen hatte. Aber Frater Eustachius blieb seiner Berufung treu, die er für sich übernommen hatte.

Frater Eustachius war ein aufrichtiger und ehrlicher Mensch, dem „jede Bosheit fremd war."[322] Diese Haltung wie auch der Sinn für Gerechtigkeit wurzelten in seinem Glauben und in der Liebe zu Gott. Frater Eustachius war ein vorbildlicher Barmherziger Bruder, welcher das gemeinsame Gebet in Treue übte und sich gewissenhaft um die Pflege der Patienten und alle anderen Aufgaben kümmerte. „Als Professe, als Untergebener ebenso wie als Oberer nahm er jeden Tag mehr zu an Arbeitsamkeit, Gewissenhaftigkeit und Pünktlichkeit."[323]

---

[319] Russotto 145
[320] Russotto 47
[321] Russotto 15
[322] Russotto 74; vgl. das Zeugnis Jesu über Nathanaël, Joh 1,47
[323] Russotto 79

Obwohl Frater Eustachius als Provinzial an öffentlicher Position stand, suchte er durch sein Amt keine Popularität oder Macht, sondern setzte sich für seine Mitbrüder und die in den Ordenshäusern Betreuten ein. Trotz seiner Bescheidenheit trug er in sich die natürliche Gabe, Verehrung und Liebe „bei jedem, der ihn sah, ihm näher kam und kennen lernte, zu gewinnen."[324]

Eine weitere Tugend von Frater Eustachius, die erst bei näherem Hinsehen zu einem Heiligen gehört, war sein Humor. Dieser verträgt sich durchaus mit einem ernsthaften Ordensleben, weil man auf Gott vertraut, die irdischen Dinge richtig einordnet und über sich selbst lachen kann. Frater Eustachius brachte den Humor von Zuhause mit und „legte ihn nicht ab, als er den Ordenshabit der Barmherzigen Brüder anzog. Die Heiterkeit war ein Grundzug seiner seelischen Verfassung. Auch als Provinzial machte und verstand er Spaß, weil er der Meinung war, dass auch Vorgesetzte und Obere Humor zeigen dürfen, ohne in ihrer Autorität gefährdet zu sein."[325]

Frater Eustachius war darüber hinaus bedacht, immer das Gute zu tun, niemandem ein Ärgernis zu geben, was er als „das größte Unglück" erachtete. Er sprach „nie von den Fehlern anderer, kritisierte niemals, fand immer eine Entschuldigung, verzieh allen und war so den Vorsätzen treu, die er gemacht" hatte.[326] Er ging den Weg der verzeihenden Liebe, welcher ihn manchmal auch Überwindung kostete. Frater Eustachius blieb weiterhin unerschütterlich Jesus Christus voll Gottvertrauen treu, besonders während des glaubensfeindlichen Nationalsozialismus. Frater Matthäus Heidenreich, ein Nachfolger von Frater Eustachius Kugler im Amt des Provinziales, schrieb über sein beeindruckendes Gebets- und Glaubensleben: „Ich bin ein Kind Gottes und Erbe des Himmels, und das will ich bleiben. Ich will und muss heilig werden. (…) Sei ein Mann des Gebetes und bewahre die innere Sammlung. Sorge dich nicht um irdische Dinge." (Exerzitien 1895) Wer so schreibt, und das am Anfang seines Ordenslebens, muss ein von Gott begnadeter Mensch

---

[324] Frater Bernhard Schelle, Russotto 75
[325] Abeln 42
[326] Russotto 62

sein, der sich müht, die ‚irdischen Dinge' Stück für Stück hinter sich zu lassen. Gewiss haben ihn die religiösen Eindrücke im Elternhaus, das Vorbild seiner Mutter und das Wort seiner Religionslehrer geprägt. Doch hier braucht es mehr, um zu solch großer Hingabe zu gelangen. Ganz offensichtlich hat Fr. Eustachius viel an sich gearbeitet und noch mehr gebetet."[327]

Weiter schreibt Heidenreich über den „getreuen Ordensmann und Anwalt der Kranken", dass er ganz in Gott verankert war und ein schweigsamer und bescheidener Mensch gewesen sei: „Er ist unter seinen Mitbrüdern einer, der auf einzigartige Weise die Antwort auf das Leben eines Barmherzigen Bruders gibt. Er ist unter ihnen ein Großer – kein Lauter! Sein Leben ist von stiller, wohltuender Einfachheit; ein Widerschein der Güte und Menschenfreundlichkeit des Herrn. In dem von Gott ergriffenen Leben eines Fr. Eustachius Kugler wird aber auch deutlich, dass sich eine Ordensgemeinschaft nicht so sehr aus eigener Leistung erneuert, als vielmehr aus den Tiefen des beharrlichen Gebetes."[328] An Frater Eustachius wird deutlich, dass Jesus Christus in seinen Haltungen und Gesten der Liebe, wie auch der heilige Johannes von Gott, immer noch im Geist von Menschen wie ihm anwesend ist.

Ein längeres Zeugnis über Frater Eustachius Kugler stammt von Dr. Franz Demmel, Oberarzt am Regensburger Krankenhaus und Ehrenmitglied der Barmherzigen Brüder: „Ohne Zweifel war sein Leiden mit großen Schmerzen verbunden, aber er hat alles mit größter Geduld und ohne im Geringsten zu jammern ertragen. (…) Ebenso kann ich von Pater Provinzial sagen, dass er von religiöser Sicht her gesehen, ein schönes Sterben hatte. Er hatte nicht im Geringsten Angst vor dem Tod. Für ihn war das Sterben nichts anderes als ein Übergang vom leidvollen, irdischen Dasein in ein besseres, ewiges Leben. Er ist wirklich so gestorben, wie er auch gelebt hat, ehrfürchtig und gottergeben. Er war ja eine tieffromme Natur. Wenn er so seines Weges ging, gewöhnlich die Hand unter dem Skapulier, grüßte er in seiner Bescheidenheit freundlich. Er war eben ein in sich gekehr-

---

[327]   Heidenreich I, 12f.
[328]   ders., I, 19; vgl. ein Rundschreiben vom 18. Juni 1938

ter Mensch, der in seiner Welt lebte, in der Welt des frommen Ordensmannes.

Gewiss, er war deswegen nicht weltabgewandt oder eigenbrötlerisch, denn er hatte andererseits einen klaren Blick in der Beurteilung der Probleme und Aufgaben, die sich ihm als Provinzial stellten; aber er hat sich nicht mehr mit den Dingen dieser Welt abgegeben als unbedingt notwendig war. – Da mein Zimmer im Parterre des Wirtschaftsbaues war, führte mich untertags mein Weg häufig an der Kirchentür vorbei. Dabei konnte ich feststellen, dass Pater Provinzial außerhalb der gemeinschaftlichen Gebetsübungen der Brüder oft und auch öfter als andere Brüder in die Kirche ging oder von ihr kam.

Er war die Bescheidenheit selber. Ich war schon ein Jahr im Hause, ohne zu wissen, dass er der Provinzial war. Er gab sich so schlicht und unauffällig, dass man in ihm nicht den Provinzial vermutete. Erwähnenswert ist seine große Liebenswürdigkeit, die er ohne den geringsten Unterschied den letzten Patienten genauso wie dem Chefarzt erwies."[329]

Auch Pater Stephan Kainz, einer der ersten Förderer der Verehrung von Frater Eustachius Kugler, schrieb seine Eindrücke über den Ordensbruder: „In diesen Tagen der Exerzitien kam ich immer mehr zu der Gewissheit, dass dieser verehrungswürdige Mann ein Mann des inneren Lebens war wie einer, der immerfort in der Gegenwart Gottes lebt. – Ich hatte diesen Eindruck auch bei den zahlreichen Besuchen, die ich in der Folge dem Regensburger Krankenhaus abstattete: Stets dieselbe Ruhe, dieselbe innere Sammlung. Und dennoch vergaß er nie darauf, den Gast mit freundlichen Worten zu begrüßen und seine Freude über den Besuch auszudrücken. – Seine Innerlichkeit und Zurückgezogenheit hinderten ihn nicht daran, zur Zeit der Rekreation mit seinen Mitbrüdern einige Spiele zu machen. Und gerade das habe ich sehr an ihm geschätzt. Eine leidende Person hätte wohl das Recht, sich zurückzuziehen und auszuruhen. Er tat das nicht, aus Liebe zu seinen Mitbrüdern."[330]

---

[329] Aufzeichnung von Dr. Franz Demmel, 30. November 1962, Hiltl 65
[330] Pater Stephan Kainz OSB in Erinnerungen an Frater Eustachius, geschrieben an Pater Prior Clarus Bierler, 19. September 1946, Russotto 48

Ein wenig pathetisch, aber umso mehr begeistert vom Leben des Dieners Gottes, resümiert Pater Gabriele Russotto: „Frater Eustachius ist eine der seltenen Gestalten, die von Zeit zu Zeit über unsere Erde schreiten und sie mit dem Licht und der Wärme des Himmels erleuchten und erwärmen; eine Gabe der Barmherzigkeit Gottes für alle und eine Mahnung seines gütigen Vaterherzens für alle, die vergessen, dass wir nicht erschaffen wurden, um auf Erden zu bleiben, sondern um den Himmel zu erreichen, nicht um uns gegenseitig zu hassen, sondern um uns zu lieben, wie der Herr uns liebt und es uns zu tun heißt."[331] Und Frater Matthäus Heidenreich schrieb zum Schluss seines Vortrags seinen Mitbrüdern: „Für uns, die Barmherzigen Brüder, gehört Fr. Eustachius nicht der Vergangenheit an; er ist uns immerfort beispielhaft voraus."[332]

Ein heiligmäßiges Leben

- „Es steht ohne Zweifel fest, dass der Diener Gottes Eustachius Kugler (Taufname Joseph), Professreligioser des Hospitalordens des heiligen Johannes von Gott, die theologischen Tugenden – Glaube, Hoffnung und Liebe – sowohl Gott als auch dem Nächsten gegenüber sowie alle Kardinaltugenden – Weisheit, Gerechtigkeit, Tapferkeit, Maß – und alle anderen Tugenden auf heldenhafte Weise ausgeübt hat." (Papst Benedikt XVI.)[333]

Diese Feststellung von Papst Benedikt XVI. über die Tugenden von Frater Eustachius Kugler Mitte Dezember 2005 zeigen, dass dieser ein heiligmäßiger Ordensmann war. Sein ganzes Ordensleben war von Beginn an auf die Heiligung ausgerichtet.

---

[331] Russotto 35
[332] Heidenreich II, 20. Das Referat, welches Frater Matthäus Heidenreich über Eustachius Kugler in Kostenz für seine Mitbrüder vorbereitet hatte, kam nicht mehr zum Vortrag, da der Exprovinzial (1968-71 und 1974-83) im November 1992 starb. Zum 60. Todestag von Frater Eustachius Kugler erschien das überarbeitete Referat als Heft: ders., Vom vorbildlichen Leben des Frater Eustachius Kugler, München 2006
[333] Seligsprechung 5

So schrieb er bei seinen Exerzitien zur Einfachen Profess: „Ich will und muss heilig werden und zu diesem Zweck will ich all meine Handlungen aus Liebe zu Gott ausführen.“[334] Das Streben nach Heiligkeit war zwar ein persönliches Interesse von Frater Eustachius, es war aber nicht egoistisch, sondern führte über den Dienst am Nächsten. Die Bruderliebe und Liebe zum hilfsbedürftigen Nächsten waren ihm nämlich sichtbarer Ausdruck der Liebe zu Gott (vgl. 1 Joh 4,11f.). Den Mitmenschen, seien es Mitbrüder oder Patienten, gab er das beste Beispiel, sowohl als Mensch wie als Gläubiger. Sein heiligmäßiges Leben war zwar ein verborgenes Leben – Frater Eustachius machte kein Aufheben um seine Person – aber es strahlte dennoch aus. So wird er bis heute von vielen Menschen verehrt und von vielen Ratsuchenden um die Fürbitte angerufen.

Was hat es nun mit dem Ruf der Heiligkeit, den auch Frater Eustachius Kugler umgibt, auf sich? Zu seinen Lebzeiten gab es ihn zwar schon, aber er war noch recht ruhig, auch bedingt durch die Bescheidenheit von Frater Eustachius. Erst nach seinem Tod begann man, ihn mehr zu verehren, was sich in der Umbettung seines Leichnams vom Brüderfriedhof in die Krankenhauskirche St. Pius und in der Aufnahme des Seligsprechungsprozesses niederschlug. Pater Ambrosius Eßer schrieb zum Ruf der Heiligkeit: „Es gab ihn aber dennoch, nicht nur bei zahlreichen Ordensmitgliedern der Barmherzigen Brüder, sondern mehr noch bei Ordensschwestern und einfachen Laien, zumal in Kreisen des Handels. Diese Menschen waren überzeugt, dass Fr. Eustachius Kugler ein heiligmäßiger Ordensmann sei und sicher einmal die Ehre der Altäre erhalten werde. (…) Aufs Ganze gesehen ergibt sich das Bild eines zwar stillen aber kraftvollen Rufes der Heiligkeit zu Lebzeiten des Provinzials.“[335]

Auch Pater Russotto schreibt über das vorbildliche Leben von Frater Eustachius, welcher den Willen Gottes an dem Platz, den Gott ihm zugedacht hatte, erfüllte: „Die Beobachtung des heiligen Gesetzes Gottes und der Kirchengebote, die vollkommene Erfüllung der Pflichten des eigenen Standes, die

---

[334] Exerzitien 1895, Vorsatz 2
[335] Eßer 105

Treue in der Erfüllung auch der kleinsten Vorschriften der Regel und der Konstitutionen seines Ordens und in der Einhaltung seiner Ordensgelübde, die hochherzige Übung der theologischen und moralischen Tugenden, seine ständigen Bemühungen um Fortschritte auf dem Wege der Vollkommenheit, zu der er sich durch die Ablegung der heiligen Gelübde verpflichtet hatte, all das war für ihn ein Mittel, um seine große Liebe zu Gott durch die Tat zu beweisen." Er tat also alles „in größter Gewissenhaftigkeit und aus Liebe zu Gott."[336] In dem Büchlein mit den geistlichen Aufzeichnungen kommt derselbe Autor noch auf die Wirkung auf andere zu sprechen: „Der Ruf der Heiligkeit, der ihn im Leben umgab, dauerte fort und wuchs nach seinem Tode von Tag zu Tag."[337]

Die Bedeutung von Frater Eustachius für heute

Frater Eustachius Kugler war ein vorbildlicher Barmherziger Bruder, der durch sein vorbildliches Leben auch Menschen von heute noch etwas zu sagen hat. Manche seiner Gedanken und Frömmigkeitsformen sind jedoch zeitgebunden, da Frater Eustachius noch im ausgehenden 19. Jahrhundert religiös verwurzelt war. Deswegen tut sich zu ihm und uns Christen heute in manchen Vorstellungen wie der Abtötung ein geistiger Graben auf, vieles können wir jedoch noch gut nachvollziehen. Am meisten zeichnete ihn sein unerschütterliches Vertrauen auf Gott aus. Frater Eustachius fürchtete sich vor nichts so sehr wie eine Sünde zu begehen. In ihr sah er eine Beleidigung Gottes und als Folge davon ein gestörtes Verhältnis zu Gott und zum Nächsten.

Das Lebensmotto von Frater Eustachius Kugler war: „Alles aus Liebe zu Gott". Mit diesem Wahlspruch lehrt er auch uns, Gott anzuerkennen, ihn zu lieben und mit ihm, dem Höchsten, in lebendige Beziehung zu treten. Die Gottesfreundschaft verträgt sich nicht mit Angst vor Gott, nur mit Ehrfurcht.

Frater Eustachius Kugler wollte den Willen Gottes verwirklichen.

---

[336]   Russotto 50
[337]   Aufzeichnungen 6

Das sollte auch den Christen heute ein Anliegen sein. Der göttliche Willen tut sich auf verschiedene Weise kund. Wichtig ist für uns, offen für Gottes leisen Anruf zu sein und ihm zu antworten, indem wir das eigene Handeln daraufhin ausrichten und auf Gottes Führung vertrauen, auch wenn die Wege uns manchmal sinnlos erscheinen.

Die Herz-Jesu-Verehrung spielte beim frommen Ordensmann eine wichtige Rolle, wenn auch nicht in dem Maß, wie etwa im Leben des heilige Benedikt Menni, einem Heiligen des Hospitalordens.[338] Frater Eustachius nahm seine Zuflucht im Herzen Jesu. Wie können wir das heute verstehen? Das Herz ist Ausdruck der Liebe Gottes zu uns Menschen, und diese Liebe zeigt sich besonders deutlich in der Person Jesu Christi. Deshalb dürfen wir uns aus Liebe zu Gott an Jesus Christus wenden, der sich für uns hingegeben hat.

Die Betrachtung der Passion Christi ist für die Barmherzigen Brüder und ihre Mitarbeiter von Bedeutung, da sie täglich mit dem Leid der Menschen konfrontiert werden. In den Leiden der kranken, behinderten, alten, notleidenden und sterbenden Menschen setzt sich gleichsam das Leiden Christi in unserer Zeit fort. Bei der Leidensbetrachtung, besondern beim Kreuzweg dürfen wir jedoch nicht die Auferstehung vergessen, ohne welche der Leidensweg Christi aussichtslos wäre. Im Leiden der Menschen müssen wir standhalten und die oft erlebte Sinnlosigkeit im Leid aushalten lernen.

Der Heilige Geist spielte im Leben von Frater Eustachius Kugler eine stille, aber wichtige Rolle. Ohne den Geist Gottes geht es nicht im Christentum. Dieser führt den Christen ein Leben lang hin zu Gott. Für uns gilt, wie Frater Eustachius auf die Führung des Heiligen Geistes zu vertrauen und auf ihn zu hören, ihn aber auch um seinen Beistand zu bitten.

Die Gottesmutter Maria verehrte der vorbildliche Ordensmann

---

[338] Der heilige Benedikt Menni (* 1841 in Mailand, + 1914 in Dinan/Frankreich) war Priester im Hospitalorden, pflanzte den Orden in Spanien und weiteren Ländern wieder ein. Er gründete zur Pflege weiblicher Kranker die Kongregation der Hospitalschwestern vom Heiligsten Herz Jesu, war 1909-11 Apostolischer Visitator und 1911/12 Generalprior des Hospitalordens. Benedikt Menni wurde am 21. November 1999 heilig gesprochen.

als seine himmlische Mutter und Fürsprecherin. Frater Eustachius vertraute auf ihr stellvertretendes Gebet vor Gott und ahmte ihre Tugenden nach. Maria, die von Gott Berufene, ist auch uns ein Vorbild des Hörens auf Gott und in der Treue zu seinem Ruf. Indem sie bei ihrem Sohn am Kreuz ausharrte, zeigt sie uns einen anderen Aspekt der Treue, nämlich beim leidenden Menschen zu bleiben. Wie Maria können uns die Heiligen mit Hilfe ihrer Fürbitten auf dem Weg zum Himmel durch das Leben begleiten. Ihr Beispiel ist den Menschen ein Wegweiser, wie ein gottgefälliges Leben gelingen kann.

Das Gebet war im Leben von Frater Eustachius Kugler der Ausdruck der Liebe zu Gott. Er lebte beständig im Vertrauen auf Gottes Gegenwart. Zuversichtlich und unablässig betete er zu Gott und gab uns damit ein Beispiel. Das Gebet, welches für Frater Eustachius unbedingt notwendig war, um in den Himmel zu kommen, pflegte er in Gemeinschaft oder allein, aber auch im alltäglichen Gebet der guten Meinung. Er setzte sich im Gebet für andere ein, besonders für seine Mitbrüder und die Bedürftigen. Das fürbittende Gebet können auch wir pflegen.

Der Rosenkranz ist ein einfaches Gebet, in dem die zentralen Heilsgeheimnisse des Lebens Jesu betrachtet werden. Das marianische Gebet war nicht nur für Frater Eustachius Kugler ein ständiger Wegbegleiter, das kann es auch für uns werden. Denn dieses Gebet kann man ohne Aufwand und überall beten.

Beim Tabernakel betete Frater Eustachius am liebsten, in der Gegenwart Jesu Christi. Die Anbetung des Sohnes Gottes sollte auch den Gläubigen heute ein Anliegen sein, denn hier ist Jesus Christus wirklich gegenwärtig. Sie ist tiefster Ausdruck der Verehrung Gottes und des Vertrauens auf ihn. Noch näher kommt uns Jesus Christus im eucharistischen Mahl, in dem er sich schenkt. Frater Eustachius empfing oft die Kommunion und erlebte darin tiefe Gemeinschaft mit Jesus Christus. Gott lädt auch uns zum Mahl ein, an dem wir teilnehmen sollen.

Die Hoffnung auf den Himmel dürfen wir mit Frater Eustachius Kugler teilen. Die Sehnsucht nach der ewigen Gemeinschaft mit Gott prägte sein Leben und Handeln. Auch wir dürfen auf Gottes Barmherzigkeit hoffen, dass wir einmal für immer bei Gott leben werden. Frater Eustachius als Helfer der Armen Seelen scheint für uns eher schwer verständlich. Dennoch beten wir Christen immer noch für die Verstorbenen, damit Gott sie in den Himmel aufnehme. Dies drückt das Band zwischen den Lebenden und Verstorbenen aus, die vor Gott füreinander eintreten.

Frater Eustachius versuchte, heilig und gottgefällig zu leben. Das Streben nach Vollkommenheit bedeutete für ihn, Christus immer ähnlicher zu werden. Dazu diente ihm die Askese, der Verzicht auf die Bindung an das Irdische, um sich ganz Gott widmen zu können. Auch wenn wir mit dem Begriff Abtötung wenig anfangen können, so muss sich derjenige einschränken können, der Jesus Christus nachfolgen will. Der Verzicht bringt jedoch nicht nur Verluste mit sich, sondern auch geistlichen Gewinn. Wenn wir unsere Zeit und unsere Fähigkeiten für andere hingeben, wird unser Leben sinnvoll und erfüllt.

Die Hingabe in der Nachfolge Christi brachte Eustachius Kugler auch manches Kreuz, welches er geduldig trug. Auch in unserer Zeit wird der Christ aufgefordert, sein auferlegtes Kreuz zu tragen. In der Nachahmung Christi soll er sein Schicksal wie eine Krankheit oder Not in Geduld und Treue aus Liebe zu Gott tragen lernen. Dies erfordert jedoch sehr viel Kraft und Mut.

Die Demut kann man mit Recht als eine der wichtigsten Haltungen von Frater Eustachius bezeichnen. Diese Tugend zeigt dem Menschen seinen wahren Platz vor Gott und den Menschen. Sie sucht nicht ihre eigene Ehre, sondern Gottes Ruhm. Als demütiger Bruder diente Frater Eustachius den ärmsten der kranken und behinderten Menschen, indem er sich auf ihre Augenhöhe begab und sich um sie kümmerte. Die Demut erweckte die Liebe und das Vertrauen der Brüder zu ihm und sorgte dafür, dass Frater Eustachius als Provinzial die Bodenhaftung als einfacher Barmherziger Bruder behielt. Diese Haltung steht auch den Menschen von heute gut zu Gesicht, denn die Demut ist das Gegenteil von Hochmut. Ein hochmütiger Mensch fühlt sich anderen gegenüber überlegen, ein demütiger sucht stattdessen das Wohl des Nächsten.

Frater Eustachius Kugler zeichneten seine Güte, eine innere Ausgewogenheit, die Freundlichkeit zu allen Menschen, denen er begegnete, Schweigsamkeit, Heiterkeit und Treue aus. Diese und andere Eigenschaften machen ihn so anziehend und nachahmenswert. Die Tugenden von Frater Eustachius sind Früchte seines tiefen Glaubens und seiner Liebe zu den Menschen.

Die Liebe zum Nächsten war für den Ordensmann die Konsequenz aus der Liebe zu Gott. Denn wenn wir Gott lieben, müssen wir auch sein Abbild, den Menschen, lieben. Frater Eustachius erkannte Christi Antlitz besonders in den armen, kranken, behinderten und hilflosen Menschen und sorgte für sie. Doch er liebte auch seine Mitbrüder im Orden, indem er als Oberer für sie sorgte und ihr leiblich-geistliches Wohl im Blick hatte.

Frater Eustachius Kugler lebte die Gelübde, auf welche er sich in der Profess verpflichtet hatte, vorbildlich und konsequent. So ist er für uns ein Beispiel der Treue in der Berufung, welche Verpflichtungen mit sich bringt. Die evangelische Armut drückte sich in seiner Anspruchslosigkeit gegenüber materiellen Dingen, im Verzicht auf den geringsten Luxus und in einem einfachen Lebensstil aus. Wenn wir auch die radikale Armut von Frater Eustachius kaum nachahmen können, so bietet sie doch ein Beispiel für den Verzicht auf Annehmlichkeiten. Zur freiwilligen Armut gehören auch die Solidarität mit den wirklich Armen dieser Erde und das Vertrauen, dass Gott für den Menschen sorgt.

Das Gelübde des Gehorsams lässt uns auf Gottes Willen hören, der sich zum Beispiel durch die Heilige Schrift, aber auch durch Menschen wie die Ordensoberen kundtut. Wenn wir dem Willen Gottes folgen, wird unser Leben eher gelingen, als wenn wir nur unsere eigenen Vorstellungen durchsetzen. Die ehelose Keuschheit, auf welche sich die Ordensleute verpflichten, macht deutlich, dass die Liebe zu Gott größer ist als die Liebe zu Menschen, wenn sie einander auch ergänzen. Frater Eustachius lebte aus einer tiefen Gottesbeziehung, verachtete deswegen aber nicht seine Mitmenschen, stellte sie aber auch nicht an Gottes Stelle.

Im Gelübde der Hospitalität war Frater Eustachius Kugler fest verwurzelt. Er gab sein Leben für die Armen, Kranken und Benachteiligten hin. Diese Menschen bei sich aufzunehmen und ihnen an Seele und Leib zu dienen, das bedeutet Hospitalität im Sinn des heiligen Johannes von Gott. Dadurch setzen die Brüder das Werk Jesu fort, der Kranke heilte und allen Menschen Gutes tat.

Die Treue im Ordensberuf lebte Frater Eustachius trotz mancher Schwierigkeiten vorbildlich vor. Die Beständigkeit in der eigenen Berufung ist die Antwort auf die Treue Gottes, welcher einen Bund mit uns Menschen geschlossen hat. Das Stehen zu seiner Berufung zeigt sich besonders dann, wenn es schwierig wird. Durch diese Schwierigkeiten kann der Mensch jedoch menschlich und geistlich reifen.

Mit vielen Tugenden und Glaubenshaltungen hat uns Frater Eustachius Kugler auch heute, über 60 Jahre nach seinem Tod, noch etwas zu sagen. Sein Beispiel zieht noch immer Menschen an. Zum Schluss sei das Dankgebet von Frater Eustachius zu seinem Goldenen Professjubiläum zitiert, in dem er dankbar auf sein Ordensleben blickt:

„Dank dir, lieber Vater im Himmel, dass du mich diesen Jubeltag hast schauen lassen.
Dank dir für den Ordensberuf, für alle Gnaden und für alle Wohltaten während meines ganzen Lebens, besonders aber für jene, die ich im Ordensstande empfangen habe.
Dank dir auch für alle Widerwärtigkeiten und für alle Leiden, die du mir während meines Lebens geschickt hast.
Dank dir, lieber Heiland im Tabernakel, für alles, alles in meinem ganzen Leben und besonders dafür, dass du so oft in mein armes Herz gekommen bist.
Dank auch dir, lieber Heiliger Geist, für alle, alle Erleuchtungen, Gnaden und Wohltaten meines ganzen Lebens, besonders aber im Ordensstande.
Dank dir, heiligste Dreifaltigkeit, Dank in der Zeit und in der Ewigkeit.
Mein guter Gott, Verzeihung, Verzeihung für meine Sünden und

meine Fehler im ganzen Leben, besonders für jene, die ich im Ordensstande begangen habe.

Verzeih mir und stoße mich nicht von dir auf ewig.

Groß sind meine Sünden und meine Missetaten, aber noch größer ist deine unendliche Barmherzigkeit, die ich aus ganzem Herzen anrufe. Gnade, Gnade für mich armen Sünder!

Dank, dank auch dir, liebe Muttergottes und auch meine Mutter, für alles, alles, was du für mich in meinem ganzen Leben getan hast. Dich habe ich auserwählt beim Tode meiner lieben Mutter als meine Mutter. O, verlass mich nicht. Verlasse auch die Provinz nicht, die ich dir anvertraut habe.

Dank auch dir, heiliger Joseph, dir, heiliger Johannes von Gott, allen Heiligen und seligen Geistern, besonders dir, heiliger Schutzengel. Bittet für mich, damit ich in den Himmel komme und nicht in der Hölle den lieben Heiland und die liebe Muttergottes verfluchen muss, sondern im Gegenteil ihnen danken darf durch die ganze Ewigkeit.

Ich bitte euch innig, erflehet mir die Gnade der Beharrlichkeit und einen glücklichen und seligen Tod.

O Mutter, schmerzhafte Mutter, verlass mich nicht. In deine Hände lege ich meine arme Seele. Mach, dass deine Leiden und die Leiden deines Sohnes vor allem sein kostbares Blut, an meiner Seele nicht verloren gehen. Ich bitte dich, guter Gott, auch für alle, für die ich zu beten verpflichtet bin: für die Lebenden und Verstorbenen, besonders für meine Eltern, Geschwister, Mitbrüder, für alle Verwandten und Bekannten, für die Wohltäter, für die Freunde und Feinde, besonders für jene, denen ich manchmal Anlass zur Sünde gegeben habe.

Heute will ich mich besonders auch an unseren Pater Magister erinnern[339], der sehr oft sagte: ‚Alles aus Liebe zu Gott und zu seiner Ehre. Weder nach rechts noch nach links: mitten hinein ins Heiligste Herz Jesu.‘

O nimm ihn auf in den Himmel, wenn er noch nicht dort oben sein sollte. Heute will ich mich ganz besonders an die Armen Seelen des Fegfeuers erinnern.

---

[339]   Gemeint ist der Novizenmeister, Pater Augustin Koch.

O guter Gott, gewähre ihnen heute Verzeihung, besonders meinen Mitbrüdern. Ich möchte dem guten Gott in meinen alten Tagen danken, ihn bitten und lieben, solange ich kann in diesem Leben, und dann durch die ganze Ewigkeit.

Mein Jesus, Barmherzigkeit. Süßes Herz Mariä, sei meine Rettung. Das sollen meine letzten Worte in diesem Leben sein. Amen.

Die Ehren, die mir heute erwiesen worden sind, beziehen sich nicht auf die Person, sondern auf das Amt und sollen nur Gott zur Ehre gereichen.

Jesus, Maria, Joseph, Johannes von Gott, heiliger Schutzengel, ich werde euch nie genug danken können: Danken soll euch jeder Atemzug, danken soll euch jeder Schlag des Herzens bis zum letzten Schlag des letzten Tages, danken soll euch jeder Gedanke, danken soll euch jedes Tröpfchen (meines) Blutes, danken soll euch Seele und Leib.

Ich will an nichts anderes denken.

Ich liebe euch, danke euch, bitte euch in der Zeit und in der Ewigkeit. Amen."[340]

[340]   Gebet anlässlich des Goldenen Professjubiläums vom 21. Oktober 1945, Aufzeichnungen 32-34

VI. Literaturverzeichnis

- Gabriele Russotto: Geist und Herz eines vorbildlichen Ordensmannes, Geistliche Aufzeichnungen und Vorsätze des Dieners Gottes Frater Eustachius Kugler O.H., aus dem Italienischen übertragen von Dr. Karl Braun, Regensburg 1960

- Gabriele Russotto: Frater Eustachius Kugler, Barmherziger Bruder, Seine Gestalt und sein geistliches Leben, Regensburg 1961

- Ambrosius Eßer (und die Abteilung für Selig- und Heiligsprechungsprozesse für das Bistum Regensburg): Frater Eustachius Kugler, Barmherziger Bruder im Dienst an kranken und behinderten Menschen, Regensburg 1993

- Reinhard Abeln: Alles aus Liebe zu Gott, Leben, Persönlichkeit und Bedeutung des Barmherzigen Bruders Eustachius Kugler, 3. Aufl., München 1993

- Franz Hiltl: Der sieghafte Beter, Frater Eustachius Kugler, 3. Aufl., Regensburg 1986

- Matthäus Heidenreich: Diener Gottes Frater Eustachius Kugler, Manuskript 1992

- Kongregation für Selig- und Heiligsprechungsprozesse (Congregatio de causis Sanctorum), Diözese Regensburg: Selig- und Heiligsprechung des Dieners Gottes Eustachius Kugler (Taufname Joseph), Professreligioser des Hospitalordens des heiligen Johannes von Gott (1867-1946), Dekret über die Tugenden (Decretum super virtutibus), gegeben zu Rom, 19.12.2005

- Hospitalorden des heiligen Johannes von Gott: Die Regel des heiligen Augustinus – Briefe des heiligen Johannes von Gott, Rom 1984

- Hospitalorden des heiligen Johannes von Gott: Konstitutionen, Rom 1984

- Francisco de Castro (hg. von der Bayerischen Provinz der Barmherzigen Brüder): Geschichte des Lebens und der heiligen Werke des Johannes von Gott, Übersetzung von Nikolaus Mutschlechner, München 2003

- Marzell Oberneder: Chronik der Barmherzigen Brüder in Bayern, Regensburg 1970

- Die Bibel, Altes und Neues Testament, Einheitsübersetzung, Stuttgart 1980

- Ecclesia Catholica (hg.): Katechismus der Katholischen Kirche, München u. a. 1993

- Karl Rahner, Herbert Vorgrimler: Kleines Konzilskompendium, Sämtliche Texte des Zweiten Vatikanums, 27. Aufl., Freiburg i. Br. 1966

- Adolf Adam/Rupert Berger: Pastoralliturgisches Handlexikon, Freiburg 1980

- Volker Drehsen u.a. (hg.): Wörterbuch des Christentums, München 1995

- Thomas von Kempen: Die Nachfolge Christi, übersetzt durch Paul Mons, Regensburg 1974

Weitere neuere Bücher und Schriften über Frater Eustachius Kugler:

- Barmherzige Brüder, Bayerische Ordensprovinz (hg.): Atemholen der Seele, Novene mit dem Barmherzigen Bruder Frater Eustachius Kugler, München 2001

- Barmherzige Brüder, Bayerische Ordensprovinz (hg.): Vom vorbildlichen Leben des Frater Eustachius Kugler, nach Frater Matthäus Heidenreich (Misericordia, Sonderausgabe Mai 2006), München 2006

- Christian Feldmann: Nah bei Gott – nah bei den Menschen, Das Leben des Barmherzigen Bruders Frater Eustachius Kugler, München 2006

- Christian Feldmann: Ordensmann und Menschenfreund, Frater Eustachius Kugler, Regensburg 1996

- Fritz Meingast: Wanderer im Tal der Demut, Regensburg 1965

- Werner Chrobak: Eustachius Kugler, Handwerker – Ordensoberer – Beter, München 1996

- Werner Chrobak: Frater Eustachius Kugler – auf dem Weg zur Seligsprechung, München 2006

Lebensdaten von Frater Eustachius Kugler

15.01. 1867   Geboren in Neuhaus bei Nittenau/ Oberpfalz
Eltern: Michael Kugler, Schmiedemeister, und
Anna Maria Kugler, geborene Schuster;
am selben Tag auf den Namen Joseph getauft
in der Pfarrkirche Nittenau

1873 – 1881   Volksschule in Nittenau

1881 – 1883   Schlosserlehre in München; Geselle

1884   Umzug von Neuhaus nach Reichenbach

11.01. 1893   Eintritt in den Orden der Barmherzigen Brüder
in Reichenbach

20.10. 1894   Nach einer Tätigkeit in Bad Wörishofen beginnt
Frater Eustachius das Noviziat in Neuburg
St. Wolfgang.

21.10. 1895   Einfache Profess, Umzug nach Reichenbach

30.10. 1898   Feierliche Profess in Reichenbach

1899   Versetzung nach Gremsdorf. Frater Eustachius
ist Subprior, Schlosser, Pförtner, Kellner und
Sakristan.

1902   Umzug nach Kaisheim, um dort kranke
Gefangene zu pflegen

1905 – 1914   Prior der Pflegeanstalt Straubing

1914 – 1922   Prior in Gremsdorf

1920	Frater Eustachius Kugler wird zum 3. Definitor gewählt.
1922 – 1925	Metropolitanprior von Neuburg St. Wolfgang und Definitor
19.06. 1925	Wahl zum Provinzial der Bayerischen Ordensprovinz
1929/30	Eröffnung des Männer- und Frauenkrankenhauses in Regensburg
1934	Verlegung des Provinzialats von Neuburg nach Regensburg. Frater Eustachius wird zum dritten Mal als Provinzial gewählt.
1943	Schwere Luftangriffe auf Regensburg
1945	Nach Kriegsende Beschlagnahmung der beiden Regensburger Krankenhäuser
21.10. 1945	Goldenes Professjubiläum in Regensburg
10.06. 1946	Tod von Frater Eustachius Kugler

Klöster und Einrichtungen der Barmherzigen Brüder in Bayern in der Zeit des Provinzialats von Frater Eustachius Kugler (1925-46)

- o Neuburg I, St. Wolfgang (1622-1980), Krankenhaus

- o Straubing I, hl. Schutzengel (1844-1974), Krankenhaus

- o Neuburg II, St. Augustin (seit 1853), Priesterhospiz, Altenheim

- o Kaisheim/ Schwaben (1854-1932), Krankenstation im Gefängnis

- o Schweinspoint/ Schwaben (1860-1971), Behinderteneinrichtung

- o Algasing/ Oberbayern (seit 1863), Schule, Behinderteneinrichtung

- o Attl/ Oberbayern (1873-1970), Behinderteneinrichtung

- o Straubing II, hl. Johannes von Gott (seit 1884), Behinderteneinrichtung

- o Reichenbach/ Oberpfalz (seit 1891), Behinderteneinrichtung

- o Johannesbrunn/ Niederbayern (1891-1967), Behinderteneinrichtung

- o Bad Wörishofen/ Schwaben (seit 1893), Kneippkur

- o Gremsdorf/ Mittelfranken (seit 1896), Behinderteneinrichtung

- o Kostenz/ Niederbayern (seit 1899), Kinderheim, Erholungsheim

- o Zizers/ Schweiz (1902-56), Erholungsheim

- o München I, Nymphenburg (seit 1916), Krankenhaus

- Eglfing - Haar/ Oberbayern (1924-38), Behinderteneinrichtung
- München II, Lothstraße (1927-35), Obdachlosenheim
- Regensburg I (seit 1929), Männerkrankenhaus
- Regensburg II (seit 1930), Frauenkrankenhaus